지역문서관의 설립을 향하여 3

제가문서의 수집과 정리

사이타마 현 지역사료보존활용연락협의회 엮음
(埼玉縣地域史料保存活用連絡協議會)
라창호 옮김

국립중앙도서관 출판시도서목록(CIP)

지역문서관의 설립을 향하여. 3, 제가문서의 수집과 정리 / 사이타마 현 지역사료보존활용연락협의회 엮음 ; 라창호 옮김. -- 파주 : 한울, 2004
    p. ; cm. -- (한국국가기록연구원 기록학번역총서 ; 39)(한울아카데미 ; 668)

원서명 地域文書館の設立に向けて 3 : 諸家文書の收集と整理
ISBN 89-460-3278-2 93020
ISBN 89-460-3284-7(세트)

026.99-KDC4
027.552-DDC21   CIP2004001563

地域文書館の設立に向けて 3

諸家文書の収集と整理

埼玉縣地域史料保存活用連絡協議會

諸家文書の收集と整理

地域文書館の設立に向けて 3

Copyright ⓒ 埼玉縣地域史料保存活用連絡協議會, 1992

埼玉縣地域史料保存活用連絡協議會가, 1992年3月31日付けで編集·發行한
『諸家文書の收集と整理』를, 韓國國家記錄研究院가 飜譯하였다.

이 책은 사이타마 현 시정촌사편찬연락협의회가
1992년 3월 31일에 편집·발행한 『행정문서의 수집과 정리』를
한국국가기록연구원이 번역한 것입니다.

이 책의 한국어판 저작권은 한국국가기록연구원이 소유하며,
출판권은 도서출판 한울에 있습니다. 저작권법에 의해 한국 내에서
보호를 받는 저작물이므로 무단 전제와 무단 복제를 금합니다.

역자 서문

기록 관리를 처음으로 접한 지도 벌써 10여 년이 지났다. 1993년에 학위논문을 작성하면서 처음으로 정부기록보존소에 들러 논문 작성에 필요한 문서를 찾으면서 기록 관리에 대해 알게 되었다. 이렇게 시작된 인연은 1999년 한국국가기록연구원과 명지대 공동 부설로 시작된 한국기록관리학교육원 입학으로 이어져 기록 관리라는 새로운 학문 영역에 발을 들여놓는 계기가 되었다. 또한 한국문헌정보기술에 재직하면서 각종 프로젝트를 통해 기록 관리의 학문적 성과를 현장 업무에 적용하는 소중한 경험도 얻을 수 있었다.

『지역문서관의 설립을 향하여』 시리즈의 제3권인 이 책은 '제가문서(諸家文書)의 수집과 정리'를 대상으로 한다. 우리나라의 자료관이 지역사료를 대상 범위로 명시하지 못하는 것과는 달리 일본의 지방공문서관은 지역문화의 중심으로 기능하면서 고문서를 비롯하여 다양한 지역사료를 수집하고 있다. 기록학 분야에서 지역사료를 자료관의 대상 범위에 포함시키자는 의견이 대두되는 현실에서 좋은 참고자료가 될 수 있을 것이다. 다만 두려운 것은 일본의 역사를 제대로 알지 못하면서 고문서 등 귀중한 사료의 수집과 정리에 관한 내용을 번역하는 것이 자칫 원서의 내용과 본질을 훼손하는 일이 되지나 않을까 하는 점이다. 번역상의 오류는 모두 역자의 책임이며, 선후배 동학 여러분의 질타를 기다릴 뿐이다.

 이 책이 나오기까지 많은 분들의 도움이 있었다. 우선 한일 양국 기록 관리의 발전을 위해 대가 없이 번역본의 출간을 허락해주신 사이타마 현 지역사료보존활용연락협의회[埼玉縣 地域史料保存活用連絡協議會, 이하 '기사협(埼史協)'으로 약칭]의 연구진 및 관계자 여러분께 깊은 감사를 드린다. 그리고 저작권 문제를 비롯하여 기사협과의 연락 업무를 담당해준 한국국가기록연구원의 김영애, 김정희, 김정숙, 정영란 선생 등 전현직 선임연구원을 비롯한 여러 선생님들, 바쁜 와중에도 원고의 오역을 꼼꼼하게 교열해준 한국외국어대학교 대학원 정보·기록관리학과 박민영 선생의 노고도 잊을 수 없다. 또한 어려운 출판 여건에도 불구하고 선뜻 출판을 결정해주신 도서출판 한울과 관계자 여러분께 깊은 감사를 드린다. 마지막으로 어려운 상황에서도 나를 믿고 힘을 북돋아주는 부모님과 아내, 두 아이에게 고마움을 표한다.

2004년 9월
라창호

서문

전문연구위원회가 발족한 지 벌써 8년째에 접어들었다. 그동안 이 시리즈의 총론이라고 할 수 있는 『지역문서관의 설립을 향하여』를 1987년 3월에 발간하였다. 우연히도 1987년은 이제는 고인이 된 참의원 이와쇼(岩上二郞) 선생을 중심으로 한 전국역사자료보존이용기관연락협의회 등 관계자 여러분의 오랜 세월에 걸친 열성적인 노력으로 인해 공문서관법이 제정된 기념할 만한 해였다. 그 기념비적인 해에 전국에서 처음으로 간행된 『지역문서관의 설립을 향하여』를 손에 넣었을 때의 느낌을 잊을 수 없다.

2년 뒤 1989년 3월에는 각론의 하나인 『행정문서의 수집과 정리』가, 그로부터 3년 뒤인 올해 3월에는 『제가문서의 수집과 정리』가 출간되었다. 진실로 감개무량하다.

이 시리즈는 일상 업무에 분주한 가운데서도 1년에 수차례씩 회의를 열어 연구 토론을 거듭한 위원들, 이들의 회의 참가를 이해하고 협력해준 관계 시정촌의 간부 여러분, 회의의

원활한 운영을 지원해주신 현립문서관 직원 여러분, 역대 회장, 발족 당시부터 항상 앞장서서 협의회의 주도적 역할을 담당하였던 야시오(八潮) 시의 엔도(遠藤 忠) 이사 등 많은 사람들의 노력에 힘입어 이루어진 것이다. 이 자리를 빌어 깊은 경의를 표한다.

돌아보면 시정촌사 편찬사업이 성황을 이루면서 꼭 필요한 일이라고 생각했던 사료 수집이 예상대로 진행되지 않는다는 사실에 수도 없이 초조함을 느꼈다. 이러한 감정은 실제로 시정촌사 편찬을 담당한 사람들이 아니라면 이해할 수 없다. 어떤 작은 사료에도 다양한 생각이 들어 있다. 사료 수집은 한 조각의 종이에 빛을 쏘이고 사료로서 생명을 불어넣는 것이다. 한번 주었던 생명을 하찮은 이유로 상실하게 해서는 안 되는 것이다. 그 때문에 사료의 수집·정리·보존을 시스템화하여 영구적으로 운영하기 위해 문서관의 설립이 필요한 것이다. 사이타마 현내의 구석구석까지 문서관이 설립되는 날이 하루라도 빨리 오기를 간절히 바랄 뿐이다. 그리고 이 시리즈가 문서관이라는 실천의 장에서 핸드북으로서 제 역할을 담당하게 되기를 소망한다.

개인적인 얘기를 꺼내 죄송하지만 올해 3월 말로 사직할 몸으로서, 전문연구위원회가 완전히 정착하여 오랜 기간 계속해서 발전하는 모습을 확인할 수 있어 기쁘다.

마지막으로 본 보고서를 정리하였던 전문연구위원 여러분을 비롯하여 귀중한 정보를 제공해주신 관계 시정촌, 전국 여러 기관, 본 회의 활동에 항상 협력해주셨던 관계자 여러분께 깊은 감사를 드린다.

1992년 3월
전문연구위원회 대표
나카지마 모리시케(中島 森重)

차례

역자 서문 • 5

서문 • 7

서 장 사료 보존과 지역문서관 구상의 제창 _____ 13

제1장 제가문서의 개념 _____ 17

제2장 제가문서의 수집 _____ 25

1. 수집 방법 • 25
   1) 수집의 필요성_25
   2) 종래의 문제점_27
   3) 지역에서의 사료 관리_29
2. 수집의 실제 • 37
   1) 예비조사와 수집 계획의 입안_37
   2) 현지조사와 수집 작업_49
   3) 수집 용구_65

3. 사료 수입과 수속 • 68
    1) 사료 수입과 그 시설_68
    2) 서류 수속_71
4. 수집 후의 활동 • 88

제3장 제가문서의 정리 _____97

1. 정리에 앞서 • 97
    1) 사료 정리의 원칙_98
    2) 원형 보존을 위한 고려_99
    3) 단계적인 정리_101
2. 정리의 흐름 • 104
    1) 사료군의 개요 조사_105
    2) 기본 정리_108
    3) 기본 목록 작성_138
    4) 데이터 수집과 검색 수단 작성_152
3. 다양한 자료의 정리 • 153
    1) 지도의 정리_155
    2) 서적·간행물의 정리_162
    3) 사진·필름의 정리_176

참고자료 고문서 등의 수집과 정리에 관한 설문조사 • 199
참고문헌 • 218
편집 후기 • 223

서장
사료 보존과 지역문서관 구상의 제창

    1991년 4월부터 사이타마 현 시정촌사편찬연락협의회는 사이타마 현 지역사료보존활용연락협의회로 명칭을 변경하였다. 기사협은 1974년 현내 92개 시정촌 중 51개 시정촌사 편찬 담당부서와 기관의 참여로 설립되었다. 당시에 시정촌사 편찬 붐이 일어났지만, 각 시정촌사 편찬사업 담당자의 대부분은 일반행정직에서 전근하여 배치된 직원이었다. 그 때문에 경험이 없는 직원들을 데리고 사업을 어떻게 진행할 것인지가 큰 고민거리였다. 그래서 각 편찬기관 상호간의 연락 제휴, 능률적인 사료 수집, 정보 교환을 통한 공동의 문제 해결을 목표로 기사협이 조직되었다.

    1984년에 기사협은 창립 10주년을 맞이하였다. 이때는 이미 많은 시정촌사 편찬사업이 종반을 맞이하였고, 편찬사업 종료 후에 사료를 어떻게 취급할 것인지가 문제였다. 시급한 과제는 눈앞에서 폐기되고 있는 행정문서의 보존이었다. 또한 일반적으로 편찬기관에서 이용한 사료의 대다수가 대출한 것인 현실에서 사료를 반납한 후에 어떻게 보존할 것인가, 편찬사업 중 기증 받거나 구입한 사료, 복제한 사료를 행정적으로 어디에서 수집·관리할 것인가도 큰 문제였다.

이와 같은 문제에 대처하기 위해 1985년부터 기사협에 전문연구위원회(약칭 전문연)가 조직되어 토의를 거듭하였다. 전문연에서는 다시 '지역사료의 보존과 활용'을 토의의 일관된 주제로 삼았다. 그후 2년간의 성과가 『지역문서관의 설립을 향하여』로 정리되었다. 여기서 처음 기사협은 '시정촌의 행정 범위를 기본으로 하면서 지역주민의 생활이 미치는 범위에 있는 다양한 지역사료의 수집·보존·연구와 활용을 도모하는 기관'으로서 지역문서관 구상을 제창하였다.

지역문서관에서 취급하는 사료를 지역사료라고 총칭하고 구체적으로는 다음과 같이 제시하였다.

① 행정문서
② 고문서 등(제가문서·단체문서)
③ 지역문헌(신문·잡지·각종 간행물 등 지역에 관한 인쇄물)
④ 편찬사업에서 가공·작성된 자료(사진·조사 대장·도면·통계·지도 등)

다음으로 기사협에서는 대상 사료에 기반하여 지역문서관

구상의 실제를 각론으로 취급하였다. 그리고 지역문서관에서 대상으로 하는 네 가지 사료 중에서 업무 중에서 특기할 만한 행정문서를 다루기로 하였다. 당시는 전국역사자료보존이용기관연락협의회(약칭 전사료협) 등을 중심으로 한 법제화 운동에 따라 공문서관법이 제정된 직후였다. 전문연에서는 전사료협의 자료나 의견을 참고하고, 특히 각 시정촌에 공통적으로 적용되는 문제점을 파악하면서 행정문서 취급의 단서를 찾았다.

우선 전문연에서는 행정문서를 정의하고 위원들의 공통적인 인식을 이끌어내는 것이 필요하였다. 이를 위해 대상 기관, 대상 문서, 대상 시대, 대상 지역의 네 가지 항목을 검토하였다. 그 결과, 행정문서를 "메이지(明治) 시대 이래 각 시대마다 구획된 행정구역의 지자체사무소[役場]과 관공서[役所]에서 작성되거나 접수한 문서류"라고 정의하였다.

지역문서관에서 행정문서에 관하여 수집과 정리, 두 가지 측면에서 기술한 것이 『지역문서관의 설립을 향하여』 시리즈의 제2권 『행정문서의 수집과 정리』이다. 이 책에서는 시정촌사 편찬사업을 진행하는 동안 각 시정촌이 문서 규정 등을 갖추지 않았다는 사실을 밝히고, 이러한 현실의 개선이 우선적으로 필요하다고 주장하였다. 특히 철저한 운영을 도모해야 하며 행정문서의 수집·정리·보존은 각 시정촌 직원 전체가 진지하게 다뤄야 할 일이라고 기술하였다.

이와 같이 기사협의 편찬사업에 대한 반성, 사료 보존의 취급, 지역문서관 구상의 검토라는 흐름 가운데 이 책 『제가문서의 수집과 정리』도 위치시킬 수 있다.

제1장
제가문서의 개념

 1989년부터 기사협 전문연구위원회는 지역사료 중에 '고문서 등'에 해당하는 사료를 수집하여 고찰하기로 하였다. 먼저 구체적 검토 대상으로서 다음을 중심으로 토의하였다.

① 사료의 범위 : '고문서 등' 중에서 어디까지 취급할 것인가?
② 작업의 범위 : 소장자와의 교섭에서 시작하여 수집·정리·보존·활용으로 이어지는 일련의 흐름 가운데 사료들을 종합적으로 취급할 것인가, 아니면 부분적으로 취급할 것인가?
③ 앞으로의 방향성 : 관련기관과의 정합·네트워크화 또는 전산화의 기대

 이 중에서 특히 취급 사료의 범위에 대한 논의가 집중되었다.『지역문서관의 설립을 향하여』제2권에서 다룬 문서에 대한 용어로서 무엇이 가장 적절한 것인가 하는 논의이다. 제1

권에서는 '고문서'에 대해 "지역문서관에서는 시대에 구애받지 않고 그 보존 대상으로 시정촌에서 작성·보존된 행정문서와 더불어 에도(江戶) 시대의 명주(名主)[1]문서와 같이 집안 단위에서 보존되어온 문서·기록을 총체적으로 고려한다"라고 하였다. 또한 1권에서는 "학교·농협·상공회의소 등과 같이 공적인 성격을 갖는 단체, 기업·자치회·기타 주민단체 등의 사료"도 "지역주민 생활의 기록"이라는 관점에서 중요한 것으로서 모두 '고문서 등'이라고 표현하였다.

 문서관 제도를 기본으로 하여 자기 조직이 생산한 사료 — 시정촌의 경우에는 각 시정촌 행정문서 — 이외의 모든 사료를 '고문서 등'으로 총칭한 것이다. 이것은 고문서학에서 정의한 내용도 아니고, 메이지 시대 이전의 문서를 일반적으로 지칭할 때보다도 시대적 범위가 조금 넓다. 지역문서관의 목적과 활동에 주목할 때 지역사료 중에서 행정문서에 대치되는 개념으로서 '고문서 등'을 제시한 것이다.

 3권에서는 '고문서 등'이라는 애매한 표현 대신에 좀더 적절한 표현을 고려하였다. 상당히 넓은 범위를 포괄하는 '고문서 등'을 이번 연구회에서 한번에 취급할 것인지 또는 사료의 성격에 따라서 더욱 분화시켜 일부만을 대상으로 할 것인지에 대해 논의하였다. '고문서 등'에는 대략적으로 구분하여 '제가문서'와 '단체문서'가 포함된다고 제1권에서 기술하였다. 하지

---

1) 에도 시대 막부 직할시인 정촌의 우두머리 — 옮긴이.

만 그대로 넓은 의미의 '고문서'를 전제하고 연구를 진행하는 것이 좋은가 혹은 사료의 전래, 소유 등의 성격으로 보아 '사문서', '민간자료', '민간소재자료' 등으로 구분하는 것이 더 적절한가 하는 문제가 남았다. 지역문서관의 대상 사료로서 '고문서'는 모두가 인정하지만, 그 범위가 너무 넓어서 다양한 범주로 나눌 수 있는 관계로 여기서 파생된 용어의 책정에 대해서도 매회 뜨거운 논의가 계속되었다.

결론부터 말하자면, '고문서 등'을 대신할 용어를 이번 연구회에서 제시하는 것은 불가능하다. 이 책에서는 '고문서 등'을 그 전래 방식과 소장자에 따라 크게 '제가문서'와 '단체문서'로 구분하고, '제가문서'로 검토 대상을 제한하였다.

이러한 이분법적 검토에 대해서는 비판의 목소리도 있으리라 생각된다. '제가문서'라는 용어에 대해서도 문제의 여지가 있다. 왜냐하면 사료의 내용과 성격으로 볼 때, '제가문서'에 '행정문서'나 '단체문서'가 포함되기도 하기 때문이다. 또한 전래·소장의 관점에서 '제가문서'나 '가문서(家文書)'로 부르는 사료를 내용·성격상으로도 역사학이나 사회학의 연구대상인 '가(家)' 고유의 기능에서 생겨난 사료군으로만 받아들이는 오류가 생길 우려도 있다. 특히 본래 특정 '가'에 전래되는 사료가 구성원 개인의 관심에 기반하여 수집한 사료와 함께 존재하는 예가 적지 않다. 또한 가문의 기능에 따라 생산된 것이 아니라 정치가, 예술가 등의 개인 활동을 통해 생산했던 한

세대만의 사료군도 있다. 이들 사료는 그 성격상 '가문서'라고 하기보다는 '수집문서', '개인문서'라고 해야 할 것이다. 이 때문에 '가'를 언급하는 것에 대해 주저했던 점도 있다.

'제가문서'라는 용어는 사료학적인 '정의'라고 말할 수 있는 것은 아니다. 정의를 내릴 때 일부 사료에서는 나타나지 않는(게다가 그 취급을 생각하지 않고), 실무적 입장에서 실제 우리 앞에 나타나는 사료의 모습을 유형화하고 범주를 분리하였다. 따라서 '제가문서'와 '단체문서'로 교착되는 사료군도 많다. 엄밀한 정의는 아니지만 이러저러한 성격의 사료를 실무적 범주에서 '제가문서'라는 명칭으로 대표해서 이 책에서 다룬다는 정도로 규정하려고 한다.

'제가문서'란 '특정 가문이나 특정 지역에 속한 조상의 생활 가운데 작성되어, 각 가문 단위로 전래되는 문서·기록의 총칭'이다. 자료의 형태로는 문서뿐만 아니라 그림, 사진, 서적, 간행물 등 여러 가지가 포함된다. 요약하면 제가문서는 가문이나 개인에 의해 작성되고 전래된 사료군이라고 할 수 있다.

가문이 작성·전래의 주체라는 점에서 완결된 사료군이 제가문서의 중심을 이룬다고 말할 수 있다. 분명히 가문은 전근대에도 존재했고, 오늘날에도 계속 존재한다. 그런데 가문에 전래되어 개별적으로 소장된 문서와 기록을 지역문서관에서 지역을 알리고 지역의 역사를 전해주는 사료, 즉 지역사료로 보는 것은 어떨까? 가문에 전래하는 문서·기록이 지역사료가 될 수 있는 것은 가문이 관공서이자 기업이었고, 단체사무소였기 때문이다. 다시 말해 명주, 호농(豪農), 조합 대표가 속한 가문 또는 정회 의원, 자본가, 예술가가 속한 가문이기 때문이다. 그렇기 때문에 지역의 역사와 모습을 전승하는 사료를 가문에서 소장하게 된 것이다.

이러한 지역적 기능은 현대 가문에서는 많이 줄어들었다. 물론 지역을 대표하는 지역산업을 한 가문에서 경영하는 경우도 있지만, 대부분의 가문은 지역의 모습을 전해주는 기록 사료를 형성하는 주체가 아니다. 유력한 가문이 가졌던 지역적 기능은 관공서나 기업, 단체 등으로 분화·정비되었고, 오늘날에는 각각의 조직에서 기록을 작성한다. 이렇게 생각하면 지역문서관이 대상으로 삼는 '제가문서'는 이미 형성을 마치고 완결된 사료군이 중심이 된다고 할 수 있고, 기존의 편찬사업에서도 그러하였다.

이에 반해 단체문서는 '각 단체·조직에 전래하거나 각 단체·조직의 활동 가운데 작성되고 접수된 문서와 기록의 총칭'이라고 할 수 있다. 전근대부터 번(藩), 사사(寺社), 조합 등의 단체·조직은 존재하였으며, 사이타마 현에서는 이들 사료군이 각 가문에 전래·소장된 경우가 많다. 물론 구(區) 등 단체에서 소유한 것도 있지만, 그 성격은 '제가문서'와 다르지 않다. 이런 의미에서 지역문서관이 대상으로 하는 지역사료로서 수집이나 정리 방법을 고려해야 하는 단체문서는 가문에서 분리되어 정비된 이후의, 지극히 근현대적인 단체의 사료라고 할 수 있다.

지역문서관에서 수집이나 정리 실무를 고려할 때, 단체문서와 관련하여 주로 생각해야 하는 것은 현재에도 기록·사료가 계속해서 형성된다는 점이다. 이러한 사료들은 일면 완결된 제가문서보다 행정문서에 가까운 성격을 지닌다. 사료를 계속적으로 받아들이는 수집 방법, 이렇게 수집된 사료군의 정리 방법 등 지역문서관에서의 단체문서 취급 방법은 '고문서'는 곧 완결된 사료군으로 간주하여 취급하는, 기존의 익숙한 방법과 아주 다르다는 점을 고려해야 한다. 우리는 이러한 방법에 대한 준비를 거의 하지 못하였다.

기사협에 소속된 각 지자체에서는 '단체문서'에 관해 "편찬 사업을 진행하는 과정에서 단체문서를 대상으로 하지 않은 곳도 있어 취급 경험이 부족하다", "앞으로 지역문서관에서는 단체문서의 취급이 하나의 주안점이 될 것이다", "그렇기 때문에 '단체문서'의 존재를 확립시킨다는 의미에서도 독립적으로 취급해야 한다" 등의 의견을 제시하였다.

이와 같은 의미에서 이 책에서는 행정문서 이외의 사료군 가운데 현재 완결된 모든 사료군을 주요 대상으로 하고, 사이타마 현내 시정촌의 경우에 사료군 전래의 중심이 가문에 있다는 점에서 '제가문서'라는 용어로 대표하게 하였다. 물론 완결된 사료군 중에서 가문에 귀속되지 않은 것도 많다. 연번(年番) 명주의 사료군이 그대로 구의 소유로 전래되는 경우 등이 그 예이다. 그러나 기사협에 소속된 각 지자체에서 20년 가까이 몰두해온 편찬사업에서는 이와 같은 것도 포함하여 '제가문서'라는 용어를 사용해왔고 또한 일반적으로도 이 용어에 익숙해졌다. 이상이 '제가문서'라는 용어를 사용한 이유이고, 동시에 이 책이 대상으로 다루는 사료군의 범위이다.

제2장
제가문서의 수집

1. 수집 방법

1) 수집의 필요성

왜 지역문서관이라는 공공기관이 가문 단위로 전래하는 제가문서를 수집 대상으로 하는 것일까? 이것은 이들 제가문서가 행정문서와 더불어 특정 지역의 과거 사상(事象), 사람들의 생활 등을 전해주며, 그것 없이는 지역을 말할 수 없기 때문이다. 요컨대 제가문서는 해당 지역의 역사, 풍속, 문화 등을 비롯하여 다양한 내용을 전해주는 귀중한 사료이며, 더 나아가 그것의 역사적·문화적 가치를 인정한 자료라고 할 수 있다. 역사적·문화적 가치가 단순히 시대성과 희소성만을 말하는 것은 아니다. 일례로 현대의 사료뿐만 아니라 사료에서 파생되는 인쇄물과 마이크로필름 등 2차적 자료도 역사적·문화적 유산의 대상이 될 수 있다. 따라서 조상들이 우리에게 물려준 유산을 후세에 전해주는 것뿐만 아니라 우리가 사는 현대의 유산도 동일하게 후세에 전해주어야 한다는 것이다. 단적으로 말하면 시대성과 희소성이라는 틀을 넘어서 역사적·문화적 가치가 있는 사료는 계속해서 수집할 필요가 있다.

 가문을 단위로 전래되었다고 해도 제가문서는 역사적·문화적 유산인 이상, 지역주민의 공유 재산으로서 영구히 후손에게 전해져야 한다. 이것이 지역문서관에서 제가문서를 수집하는 이유 가운데 하나이다. 반복되는 이야기지만 그 지역의 역사적·문화적 유산인 제가문서를 수집하는 것은 지역문서관에 부과된 중요한 역할 중 하나이고, 그 책임을 담당하는 주체가 지역문서관인 것이다.

 지역문서관에서 제가문서를 수집하는 또 다른 목적은 소장자 및 지역주민의 의식을 고양하는 것이다. 지역문서관은 수집 활동을 통해 제가문서가 지역주민의 공유 재산이고, 후손에게 전해야 할 유산이라는 점을 인식시킨다. 소장자는 물론이고 지역주민 가운데 자신과 관련이 있는 제가문서를 귀중한 역사적·문화적 유산으로 인식하는 사람이 과연 현 시점에서 얼마나 될까? 이러한 현실에서 제가문서의 수집이 잘 이루어지지 않고, 후술하는 바와 같이 사료가 흩어져서 없어지는 위기가 거듭되는 것이다.

'문서관'이라는 단어 자체가 아직 지역주민에게 친숙하지 못하다. 도서관·박물관 등과 비교해도 시민권을 얻지 못하였다. 지역주민의 의식 고양과 함께 지역문서관의 계발·보급도 추진해야 할 것이다. 이러한 관점에서도 제가문서를 수집할 필요성이 있다. 요컨대 역설적인 말이 되겠지만, 제가문서를 수집하는 것이 지역문서관의 계발·보급에도 기여한다고 할 수 있다. 적어도 지역문서관에서 가문 단위로 전래되는 제가문서를 수집하면 그와 동시에 문서관의 존재를 지역주민에게 알리게 된다. 무엇보다도 제가문서의 수집이 지역문서관의 존재를 지역주민 전체에게 주지시킨다는 것을 염두에 두어야 한다. 어디까지나 지역주민에게 있어서 지역문서관이기 때문이고, 그들과 괴리된 지역문서관은 존재할 수 없기 때문이다.

지역문서관은 앞으로 요청되는 평생학습기관으로서 일익을 담당하고 있다. 따라서 지역사료의 공개나 열람은 물론, 지역학습장으로서 전시나 강좌 등의 보급 사업, 기타 지역에 관한 정보 제공 등이 지역문서관에서 폭넓게 이루어져야 한다는 의미에서도 제가문서를 수집해야 할 것이다.

2) 종래의 문제점

여기에서는 지금까지의 제가문서 수집이 실제 어떠한 목적으로 이루어졌는지와 그 문제점 등을 생각해보고, 앞으로 지역문서관에서 수집이 어떻게 이루어져야 할지 살펴보려고 한다.

지금까지 제가문서는 다양한 목적으로 수집되었다. 학술연구의 대상으로 또는 상품이나 개인의 소장품으로 수집된 경우도 있다. 어떠한 목적이었든 이러한 수집이 제가문서의 보존에 공헌한 것은 긍정적으로 평가할 수 있다. 하지만 문제점도 적지 않았다. 가령 학술연구 목적으로 수집한 경우, 연구 대상으로서 가치가 있는 것 외에는 수집되지 않았을 가능성이 있다. 연구 대상이 아닌 사료는 수집 대상이 아니기 때문이다. 상품이나 수집품으로 제가문서를 수집할 경우에는 그 정도가 더 심해서 자의적인 판단에 따라 수집 대상을 정하는 수준에서 벗어나지 못하였다.

1960년대 후반 이후 현내 각지에서 지자체사 편찬사업이 성행하여 일종의 붐이라는 인상마저 주었다. 편찬사업은 지역사·향토사가 주목을 받고 지자체가 본격적으로 제가문서 수집을 담당하는 계기가 되었다.

그러나 지자체사 편찬사업에 따른 제가문서 수집에는 커다란 문제점이 있었다. 지자체사를 편찬하는 목적이 어떠하든 간에 시간적·경제적 제약 등을 의식하여 간행을 의뢰하는 경향이 있었다. 그 때문에 제가문서 수집도 결국 지자체사를 간행하기 위한 작업이 되었고, 대부분의 경우에 그 영역을 넘지 못하였다. 이것은 제가문서의 보존·활용에까지 의식이 미치지 못하였고, 보존·열람·이용 등을 위한 사후 조치(aftercare)가 고려되지 않았음을 의미한다.

　이러한 문제는 후일에까지 화근을 남기게 된다. 편찬사업에서 수집된 제가문서가 지자체사 간행 후 방치되거나 보존 가능한 시설이 없다는 등의 이유로 소장자에게 반환되는 경우가 의외로 많았다. 애써 수집한 제가문서가 폐기·매각되거나 재해를 겪을지도 모르는 것이다. 지자체사 편찬을 위해 수집된 제가문서가 오히려 그 때문에 흩어져 없어지는 믿을 수 없는 일이 현실에서 일어날 수 있다. 확실히 지금 제가문서는 산일(散逸)될 위기에 노출되어 있다.

　이와 같은 문제점을 근거로, 지역문서관에서 제가문서 수집이 어떻게 이루어져야 하는지를 지금부터라도 생각해볼 필요가 있다.

3) 지역에서의 사료 관리

　제가문서는 '지역에 거주한 조상들의 생활 가운데 작성된 문서·기록'이다. 제가문서가 분명히 지역주민에게 소중한 역사자료이고 주민 누구나 공유해야 할 역사적·문화적 유산이라고 해도, 대부분은 개인의 집, 특히 구가(舊家)에 소장되어 있고 법적으로도 사적 소유물이다. 따라서 제가문서를 행정문서 등 공문서와 동일하게 공립문서관에 강제 이관하여 집중 관리하는 것이 바람직하지만은 않고 현실적으로도 불가능하다. 따라서 제가문서의 관리는 문서관이 주체가 되면서도 소장자의 의향을 따르고, 사료가 소장된 지역 전체를 고려할 필요가 있다. 또한 사료의 관리와 사료에 포함된 역사정보의 관리라는 두 가지 측면을 모두 고려하는 것이 중요하다. 연구자뿐만 아니라 지역주민의 이용까지 염두에 둔 보존 관리 체제를 갖추는 것이 바람직하다. 그 속에서 지역문서관이 중심기관으로서 역할을 담당하기 위해서는 다음과 같은 점을 고려해야 한다.

(1) 지역 내에 소재하는 제가문서를 조사하고, 항상 보존·관리 상태를 파악한다

보존·관리의 첫걸음은 소재 확인 조사에서 시작된다. 이 점에서 교육위원회 문화재 보호 담당부서와의 연대가 요구된다. 조사 결과는 공표하고, 대표적인 사료는 문화재로 지정하는 것도 사료 보존에서 중요하다. 또한 전체적인 소재 확인 조사를 정기적으로 실시하는 것 외에 항상 지역 내의 동향에 주의를 기울이고, 일상적인 사료 조사에 힘을 쏟아야 한다. 조사 과정에서 문서관의 역할을 소장자에게 적극적으로 알리는 것도 향후 수집을 도모하는 데 중요하다.

이와 같이 항상 지역 내 사료의 동향을 파악해두는 것은 이후 사료를 보존 관리하는 첫걸음인 동시에 지역 내 사료의 소재를 포함한 역사정보의 수집·관리라고 할 수 있다.

(2) 수집 범위와 방침을 명확하게 한다

지역문서관은 제가문서뿐만 아니라 해마다 수량이 증가하는 행정문서나 단체문서 등도 수집 대상으로 한다. 그러므로 모든 사료를 문서관에 수장하기는 불가능하다. 문서관을 설립할 때는 관할 행정구역 내 제가문서의 양과 연간 수장되는 행정문서의 양을 검토한 뒤에 보존서고의 용적 등을 계산해야 한다. 덧붙여 제가문서 등 민간사료에 대해서는 수집 대상 사료의 시대적 범위나 취급 종별을 사전에 결정하는 것 외에 대상 지역의 범위도 명확히 해둘 필요가 있다. 이 점에 관해서는 향후 도도부현 문서관과 시정촌 문서관 간의 역할 분담 등에 대한 정리 및 재검토가 요구된다. 문서관의 임무가 단순히 특정 지역 내의 사상(事象)이 기록된 사료에만 한정될 이유가 없으므로 현실에서는 유연하게 대응할 필요가 있다.

현지보존주의를 취하는 것은 당연하지만, 관할 시정촌 내의 모든 제가문서를 지역문서관에 수장하는 것 또는 각 가문에서 보존하는 것은 둘 다 문제가 있다. 획일적으로 생각할 것이 아니라 지역문서관이 중심기관이 되어 지역 전체의 사료를 보존한다는 생각으로, 각 지역의 실정 혹은 개개 사료군의 보존 상황과 환경에 따라 유연하게 대응해나가야 한다.

(3) 소장자와 보존에 관해서 논의한다

조사 결과, 파악된 사료의 소장자에게는 그 결과를 보고하는 동시에 향후 보존에 관해서 논의한다. 논의 과정에서 이후 사료를 문서관에 수장할 것인지, 아니면 계속해서 소장자의 집에 보존할 것인지를 검토한다. 이때 소장자의 의향을 우선적으로 고려해야 하지만, 한편으로 문서관에서도 (2)에서 기술한 바와 같은 수집 방침을 주체적으로 가질 필요가 있다.

(4) 적극적으로 원사료를 수집하는 것을 목표로 한다

(5) 원사료 수집이 어려운 경우에는 현지에서의 보존, 복제를 통한 이용을 목표로 한다

원사료의 수집이 어려울 때는 사료의 소장자에게 사료가 지닌 역사적·문화적 가치와 보존의 필요성을 끈기 있게 인식시킨다. 사료를 소장자의 집에서 보존 관리할 때도 단지 맡겨놓을 것이 아니라 지역문서관에서 가능한 지원을 해야 한다. 이 경우에도 사료 관리와 역사정보 관리라는 두 가지 측면이 고려되어야 한다.

① 원사료의 보존·관리

개인 가문에서 사료의 보존·관리는 최종적으로 소장자의 이해와 호의에 의지하는 것이지만, 문서관에서도 가능한 한 도움을 주어야 한다. 구체적으로 사료 보존·관리에 관한 지침서 배포, 계획적인 사료의 훈증, 소장자와의 간담회 개최 등을 생각할 수 있다.

② 복제를 통한 수집

　기증·기탁을 기대할 수 없는 사료는 복제를 통한 수집을 적극적으로 도모해야 한다. 복제를 통해 사료가 지닌 많은 역사 정보를 수집·관리하고 문서관에서 이용할 수 있기 때문이다. 또한 역사 정보의 공공화를 이루는 동시에 이용에 따른 번거로움 없이 소장자가 보존에 전념할 수 있다는 장점도 있다.

　복제 작업은 일반 공개 허가를 받지 못한 사료의 경우에도 가능한 한 실시하는 것이 바람직하다. 개인의 집안에서 사료를 보존·관리하는 경우, 항상 도난·화재 등의 위험이 따르므로 복제를 통한 기록 보존이 필요하다. 요컨대 복제 작업은 단순히 역사정보의 수집·관리만이 아니라 사료 보존·관리의 일환이라고 할 수 있다. 이와 같은 활동은 지역문서관 설치 이전에도 편찬실과 문화재 담당부서를 통한 지역 문서 관리에 응용될 수 있다.

③ 기증·기탁을 위한 계속적인 활동

　문서관의 첫째 사명은 어디까지나 원사료의 보존·관리이다. 특히 열화나 방재·방범상의 위험이 높은 사료에 대해서는 기회가 있을 때마다 지속적으로 기증·기탁을 받기 위한 노력을 계속할 필요가 있다.

(6) 사료군으로서 앞으로도 계속 생산될 사료에 대해서는 영속적인 수집 방법을 강구한다

수집한 사료의 연속선상에서 현재 계속 생산되는 사료에 대해서는 정기적인 수집 방법을 강구할 필요가 있다. 행정문서와 동일한 수집 시스템을 구축하는 것이 이상적이다. 이러한 인식 아래 수집·정리·보존 등의 작업을 실행할 때는 항상 사료를 군으로 취급하는 것을 대원칙으로 삼아야 한다. 도서 등은 한 점 한 점이 독립적으로 존재하는 데 반해, 사료는 하나의 가문이나 조직이 계속 활동하는 가운데 만들어지므로 사료 몇 점 또는 몇 십 점이 일괄되어 하나의 사실을 알려준다. 그러므로 사료군 전체를 통해서 일개 가문의 활동을 알 수 있게 된다. 따라서 사료를 취급할 때 다음과 같은 원칙을 엄수해야 한다 (安藤正人·大藤 修, 1986).

① 평등의 원칙

내용의 중요성 여부는 당시 연구 상황에 따라서 좌우되는 경향이 있다. 장래에 어떤 사료가 중요시될 것인가는 알 수 없으므로, 사료의 수량이나 내용으로 인해 취급에 차이를 두어서는 안 된다. 수집 과정에서 모든 가문의 사료군은 평등하게 취급되어야 한다. 각 가문의 사료는 어디까지나 사료군으로서 수집해야 하며, 부분 수집은 엄격하고 신중하게 결정해야 한다. 사료군에 포함된 사료는 모두 평등하게 취급되어야 한다.

② 출처의 원칙

사료는 출처를 항상 명확하게 밝히고, 그대로 취급할 필요가 있다. 사료가 어떤 촌락, 어떤 가문에서 작성되었는지가 중요한 정보가 된다. 이를테면 제가문서는 가문별로 수집·보존한다는 것(가문의 원칙)이며, 여러 집안의 사료를 섞어놓는 것은 허락되지 않는다. 이것을 '출처의 원칙'이라고 한다.

③ 원질서 존중의 원칙, 원형 보존의 원칙, 기록의 원칙

출처가 같은 사료군은 모두 작성된 순서가 있다. 현대 공공기관을 예로 들면, '○○시청 문서'라는 하나의 출처 가운데 'A부 → B과 → C계'라는 계층을 토대로 문서가 작성되므로, 보존과 정리 단계에서도 작성 당시의 질서를 존중한다. 제가문서도 하나의 가문이나 명주 단위로 작성·보존되는 촌락의 공문서나 가문의 경영을 위해 작성·보존되는 사적 문서와 동일하게, 본래 다른 조직·기능에 의해서 만들어진 사료의 복합체이다. 따라서 이와 같은 사료군 내의 원질서를 존중하지 않으면 안 된다. 이것을 '원질서 존중의 원칙'이라고 한다.

그러나 우리의 시각으로 볼 때 실제 사료군은 모두 몇 번이나 손을 타면서 원질서와는 달라진 것이 많다. 따라서 한 건의 사건과 사무 수속 사료는 하나의 봉투에 넣거나 편철하는 경우가 많다. 또한 사료의 성격에 따라 용기를 구별하여 보존하는 경우도 많다. 즉 겉으로 드러난 사료의 모습이 원질서

그대로는 아닐지라도 그 모습을 그대로 보존하면 정리 단계에서 원질서를 고려하는 데 중요한 단서가 된다. 그래서 수집 작업은 사료군의 원래 모습을 훼손하지 말아야 한다. 다시 말하면 '원형', '현질서'를 존중·유지하면서 사료를 수집해야 한다. 이를 '원형 보존의 원칙'이라고 한다(원형 보존의 원칙에는 사료군뿐만 아니라 사료 한 점 한 점의 보존에서도 가능한 한 원형을 유지하는 방법을 사용한다는 중요한 의의도 있다).

소장 가문에서 문서관으로 사료를 이동하는 과정에서 용기에 넣는 경우 등 원형을 그대로 유지하는 것이 불가능한 때도 있다. 이와 같은 사항에 관해서는 그 과정을 기록으로 남겨둘 필요가 있다. 이것이 '기록의 원칙'이다.

사료군의 취급에서 원칙의 중요성을 인식하게 된 것은 비교적 최근의 일이다. 그 때문에 전혀 손대지 않은 상태로 사료가 보존되는 경우가 있는가 하면, 이미 몇 번의 조사를 거치면서 의미를 찾을 수 없게 된 사료도 많다. 사료가 작성된 본래의 장소에서 완전히 별도의 장소인 문서관 등으로 이관되는 것은 사료군의 역사에서 결정적인 변화이다. 이관 후에는 본래의 장소에서 사료를 볼 수 없게 된다. 상황에 따라 정도의 차이는 있겠지만, 이관하기 전 최후의 형태대로 보존·기록하는 것은 사료를 이동시켜야 할 때 수행해야 할 의무이다.

④ 보존 제1의 원칙

사료는 매우 소중한 역사·문화 유산이고, 장래까지 보존되어야 하는 것이다. 따라서 문서관의 최우선 사명은 어디까지나 사료의 영구 보존이다. 이를 위해 문서관에는 가장 우수한 최신 보존·관리 시스템이 도입되어야만 한다. 또한 사료를 취급 종별에 따라 보존·관리하는 자세가 요구된다. 이러한 자세는 소장자가 사료의 기증·기탁을 결정하는 데 중요한 요소가 되기도 한다. 지역문서관에서 보존하기 어려운 사료는 소장자와 협의를 거친 후에 박물관이나 자료관 등 다른 시설에서 보존하는 것도 생각해볼 필요가 있다.

지금까지 지역문서관이 지역에서 담당하는 사료 관리 센터의 역할과 업무에서 지켜야 할 원칙들을 살펴보았다. 다음에는 수집 작업의 구체적인 흐름을 고찰해보려고 한다.

2. 수집의 실제

1) 예비조사와 수집 계획의 입안

수집은 소장자의 탐색에서 시작하여 소재 확인, 수집 계획 입안, 수집 작업, 반입과 입수 수속의 흐름으로 이루어진다.

사료의 양, 보존 상태, 소장자의 의향 등에 따라 소재를 확인하는 동시에 수집 작업을 수행할 수도 있기 때문에 상황에 따른 유연한 대응이 필요하다. 여기에서는 수집의 흐름에 따라서 각각의 내용, 주의사항 등을 살펴보려고 한다.

(1) 정보 수집과 소장자 탐색

제가문서의 수집은 우선 사료 소장자를 탐색하는 것에서 시작한다. 최초의 조사 및 정보 수집은 에도 시대부터 메이지 시대 초기에 걸쳐 촌역인(村役人 : 지방관인)을 지낸 가문을 탐색하는 것이다. 명주, 장옥(庄屋),[1] 조두(組頭),[2] 백성대(百姓代)[3] 등 당시 촌역인을 지낸 가문은, 영주 지배의 말단기구로서 법령 전달, 연공(年貢) 징수, 촌역의 행정사무 등을 수행하는 과정에서 작성된 문서를 가지고 있을 가능성이 크다. 또한 에도 시대에 명주, 장옥 등을 지낸 가문과 메이지 시대 초기에 호장을 지낸 가문은 대체로 일치한다. 그후 1889년 정촌 합병에 따라 신정촌이 성립할 때 이들 가운데에서 신정촌장이나 정촌회 의원 등이 선출되었다. 이와 같이 구정촌의 역인을 지낸 가문에는 사료가 보존되어 있을 가능성이 높기 때문에 이들 가문을 조사하는 것이 제가문서를 수집하는 전통적인 방법이 된다.

---

1) 에도 시대 마을의 정사를 맡아보던 사람으로 현재의 촌장(村長)을 말한다 — 옮긴이.
2) 에도 시대 촌방(村方) 삼역(三役)의 하나 — 옮긴이.
3) 에도 시대 촌방 삼역의 하나로 농민의 우두머리 — 옮긴이.

그러나 도시화가 진행된 지역에서는 촌역인을 지닌 가문을 찾는 것이 쉽지 않다. 이와 같은 경우에 첫번째 단계로 행정 내부 자료에서 조사할 수 있다. 시청이나 정촌사무소에 남아 있는 행정문서나 교육위원회의 문화재 담당자를 통해 파악한 정보를 이용하는 것이 빠른 길이다. 관공서[役所]에 보존되어 있는 행정문서 중 정촌 직원 명부 등을 조사하고 역대 정촌 장, 조역(助役), 수입역(收入役)을 탐색함으로써 몇 곳의 구가(舊家)를 찾는 것이 가능하다. 또 정촌 의회 의원 명단이나 정촌 의회 의사록 등에서도 의원을 지낸 구가를 탐색할 수 있다. 이 밖에 관공서에 근무하는 현지 출신 직원을 통해서 입수한 정보도 단서가 될 것이다.

시정촌사 편찬사업이 종료된 곳에서는 제가문서의 소재 조사, 목록 작성도 대체로 종료되었을 것이다. 그러나 제한된 예산과 기간에 시정촌사를 간행하려는 목적 아래 수행된 사업이기 때문에 사료 조사 및 수집이 만족할 수 없는 상태에서 끝나고 말았거나 중요한 사료가 누락되었을 가능성이 있다. 지역문서관의 조사는 지역 전체를 망라해야 하기 때문에 시정촌사 편찬실의 소장자 목록을 재검토하는 것도 중요하다.

(2) **주민 계발과 보존의식의 고양**

제가문서의 수집에서 주민의 협력을 얻는 것이 중요하므로 주민에 대한 계발·보급사업을 조직적이고 적극적으로 전개할 필요가 있다. 기사협에서는 1990년도에 현의 각 시정촌과 전국 주요 문서관, 역사자료 보존기관에 '문서 수집·정리에 관한 설문조사(권말 자료)'를 실시하였다. 이 설문조사의 결과를 보아도 많은 기관에서 "광고지 등으로 호소"하거나 "관보나 기관지(문서관 소식)"를 정기적으로 발행하여 지역사료 소개 기사를 게재하는 등 항상 주민에 대한 홍보에 힘쓰고 있었다. 또한 강연회, 역사 강좌, 지역좌담회, 사료 전시회 등을 공민관과 학교 등에서 정기적으로 개최하여 지역주민의 역사의식을 고양하고 사료 소재 정보를 수집할 뿐만 아니라 주민과 함께 지역의 역사자료를 보존하는 운동을 펼치는 곳도 찾아볼 수 있었다.

 역사에 대한 지역주민의 소박한 관심을 사장시키지 않고 창의적인 방법을 다양하게 고안하여 주민의 사료 보존의식을 고양함으로써 무엇보다도 사료 소재에 대한 정보를 원활하게 수집할 수 있다. 구체적인 사례로, 지역조사 협력원 제도를 두고 역사에 흥미와 관심이 있는 현지 출신자를 대상 지역의 대자(大字)[4], 소자(小字)[5] 단위로 배치하고 조사를 의뢰하면, 효율적으로 정보를 수집할 수 있고 누락되는 정보도 줄일 수 있다. 설문조사 결과를 보아도 "지역협력원 제도를 두고 정보를 제공받는다", "향토사가에게 소개를 받는다", "평판이나 인맥을 활용

---

 4) 일본의 말단 행정구역의 하나로 정·촌의 하부 조직이다 — 옮긴이.
 5) 대자를 더 세분한 지역의 행정 단위를 말한다 — 옮긴이.

한다" 등 출신 지역에 뿌리를 둔 인간관계에 기초한 조사·수집 활동을 전개하여 성과를 거두었음을 알 수 있다.

(3) 소재 확인

정보 수집과 주민의 정보 제공으로 인해 사료를 소장하고 있다고 생각되는 가문의 목록이 작성되었다고 해도, 목록에 있는 모든 가문에 사료가 보존되어 있다고 할 수는 없으므로 사료의 실재 유무를 확인해야 한다.

이미 사료가 있는 것으로 확인된 가문에서는 사료의 양을 파악하여 이후 수집 작업을 수행하기 위한 계획을 작성하는 것이 가능하다. 하지만 목록에 있는 가문의 다수는 사료의 유무조차 모른다. 사료의 유무를 확인하는 질문, 즉 "문서가 있습니까?"라는 항목에서 "없습니다"라고 대답하고 마는 사례가 적지 않다.

그래서 목록에 오른 가문을 일일이 방문하여 사료 유무를 확인하는 것이 가장 효과적이다. 농촌에서는 이러한 가문의 다수가 농업에 종사하기 때문에 농한기를 선택하여 방문한다. 방문 후에는 농사의 변화나 촌락의 변화 등 옛날과 현재 간의 변화를 화제의 중심으로 삼고, 옛날 일을 책으로 기록한 것이 있는지 묻는다. 문서에 대해 역사적으로 유명한 인물[예를 들면 도쿠가와 이에야스(德川家康)나 미나모토 요리토모(源賴朝) 등]이 쓴 것을 상상하게 되면 대개의 경우에 없다고 대답하기 때문에, "옛날 일을 적은 것이 있습니까?"와 같이 묻는 것이 좋다.

또한 문서가 정리되지 않고 먼지투성이이므로 그다지 가깝지 않은 사람에게는 보여주고 싶지 않다는 의식도 작용하는 것 같다. 세상 이야기에서 실마리를 잡아 사료의 유무를 확인하고, 상대에게 불쾌감을 주지 않는 가운데 대화가 활기를 띠어 믿음을 얻으면, 조사하는 것은 그다지 어렵지 않다.

이해를 구할 수 없는 경우도 있지만, 지역문서관의 수집 대상인 사료는 그 지역의 역사나 문화에 관한 모든 기록이다. 따라서 사료 조사 활동은 한 번에 그치지 말고, 체계적으로 빠짐없이 조사하려는 노력을 통해 지속적이고 끈기 있게 실시되어야 한다.

(4) 수집 작업 계획의 입안

사료의 소장 확인은 수집 작업의 예비조사 단계이고, 사료를 실제 문서관으로 수집하는 것이 최종 목적이다. 그러므로 소장자에게 사료의 중요성을 이야기하고, 사료 조사에 협력해 줄 것을 부탁한다. 조사에서 협력을 얻을 수 있으면 사료의 양과 상대방의 형편 등을 고려하여 일정을 조정한다. 여기서부터는 사안별로 일정이 달라진다. 구체적으로는 ① 실제 사료와 관련된 조사, ② 향후 보존에 대한 합의, ③ 수집 활동의 순서로 진행된다. 사료의 양, 소장자의 형편 등에 따라 각각 다른 날에 작업하는 경우도 있고, 하루에 전부를 끝내버리는 경우도 있다. 극단적으로는 소재 확인을 위해 소장자를 방문하였을 때 바로 사료를 가지고 가라고 말할 때도 있는데, 그 기회를 놓치면 수집하기 어려워지는 경우도 있다. 이와 같은 경우에는 우선 사료를 맡고, 집안의 역사 등에 대한 이야기를 듣는 조사는 나중에 해야 한다. 사료의 양이 많을 때는 조사와 수집에 각각 하루가 소요되기도 하고, 소장자의 형편에 따라 조사와 수집을 하루에 마쳐야 하는 경우도 있다.

　이상적인 조사·수집 활동은 계획적으로 충분한 시간을 가지고 실시해야 하지만, 실제로는 다양한 조건하에서 이루어진다. 이상만을 추구하고 소장자의 형편에는 부합하지 못하여 조사·수집이 불가능해지는 것은 의미가 없다. 확실하게 사료를 보존하는 것을 대전제로 하여 유연하게 대응하는 것이 중요하다. 복제를 통한 수집의 경우에도 문서관에서 일단 사료를 빌려서 정리하거나 복제물을 작성하는 편이 소장자에게 폐가 되지 않는다.

(5) 사료군별·가문별 파일 작업

　소재 확인이나 다음 현지조사의 시점에서 현지조사 카드를 이용하여 소장 가문에 대한 여러 가지 조사 사항을 기록한다(기록 기입 사례는 52~54쪽에 게재한 것을 참고). 이후 수집부터 이용에 이르는 흐름 가운데 만들어지는 다양한 기록용지, 사진, 서류, 복사물 등을 편철할 사료군별·가문별 파일을 작성해야 한다(물론 파일은 최초 조사를 하기 전이나 이용 후 사료가 돌아왔을 때 작성해도 상관없다). 이 파일의 처음에는 사료군 전체의 개요를 보여주는 개요 카드(<그림 1-1>~<그림 1-3>)를 붙이고, 그 뒤에 소재 조사 카드를 기점으로 <표 1>과 같은 기록을 철한다. 이렇게 하면 해당 사료군의 개요·경과를 모두 파악할 수 있는 편리한 안내 기록이 자동적으로 남겨지게 된다. 이후에 내부 자료의 성격을 띤 사료를 제외하고 복사하여 편철한 파일을 모아 한 권의 책으로 만들어 공개하면 이용자에게도 상당히 유익할 것이다.

<그림 1-1> 개요 카드의 기입 사례(1쪽 앞면)

○ 山家문서

소장자	○山 ○夫				주소	〒 000　　　전화 00-0000 本町 0-0-0 근무처 (주)○○공업 총무과 　　　　　(전화 03-0000-000)		
관리	기증	기탁	복제	이관	기타	계약 기간	00년 00월 00일부터 00년 00월 00일까지	00년간
문화재 지정	大正 昭和　년　월　일　　제　호 平成							현 　　　지정 시정촌
문서 개요	구촌	00촌(근세)→00촌(明治 00년) →00정(昭和 00년)				보존	귀중서고　　1290, 1345 대형사료서가　12,13,14 필름보관상자　1156~1192 결번　　　　　없음 지정문서　　　13, 78, 79	
	구역직	명주, 호장, 촌장, 현회 의원						
	시대	(중세), (근세), (근대), 현대						
	중세문서로는 천정 00년 00월 00일 북조가인판장 1점이 있다. 근세에는 명주, 개혁조합 촌대 총대(總代) 등을 지냈고, 1,145점의 문서가 남아 있다. 근대 이후에도 호장, 촌장을 역임하여 지역의 공적 사료가 많다 .현회 의원으로 수집한 현의 사료류도 많아 근대문서는 1,070점, 장서도 각 분야에 걸쳐 538책에 이른다. 근대 이후 모두 수집된 것으로 군으로서 원형을 잘 보존하고 있다. 보존 상황도 전체적으로 양호하다.					정리	개요 조사	00년 00월 00일 　~ 00월 00일
							카드	00년 00월 00일 　~ 00월 00일
							대장	00년 00월 00일 　~ 00월 00일
							책자 목록	00년 00월 00일 　~ 00월 00일
						부본	마이크로필름　　전점 복사본　　　　　전점 촬영 복제　　16, 168, 1456 기타	
수량	연월일		등록		미등록	합계	비고	
	00.00.00		0		2,000	2,000	수집, 개수	
	00.00.00		0		15	2,015	추가 수집	
	00.00.00		2,754		0	2,754	정리 완료, 수량 확정	
비고	소개자 : 加藤明中 씨, 本町 지구 조사원　　本町 0-0-00 　　　　　　　　　　　　　전화 00-000							

<그림 1-2> 개요 카드의 기입 사례(1쪽 뒷면)

○山家 문서 교섭 기록

연월일	협의(연락)사항	방문자
00.00.00	본정 지구조사원 加藤明中 씨로부터 문서가 있다는 취지의 연락을 받음.	林
00.00.00	○山家를 방문, 부인과 이야기를 나눔 상당한 양의 사료가 있다는 것을 들음 집주인의 부재 때문에 다음에 다시 방문하기로 약속함	太田, 山下, 加藤
00.00.00	전화로 집주인에게 취지를 설명하고 방문일시 결정	山下
00.00.00	보존 상황 개요 조사, 기탁으로 결정	山下, 太田, 加藤
00.00.00	대략 2,000점의 사료에 대한 기탁 신청서, 수령서 교환	山下, 太田, 加藤
00.00.00	새로 15점의 문서가 발견되었다고 ○山 씨로부터 연락을 받음	小沼
00.00.00	추가 수집, 기탁 신청서, 수령서 교환	
00.00.00	정리 상황 견학차 ○山 씨 부부 내관	波田野, 山下
00.00.00	정리 종료·점수 확인에 따라 기타 계약	波田野, 山下
00.00.00	감사장·기념품 증정	波田野, 山下
00.00.00	목록이 완성됨에 따라 증정을 위해 찾아뵙고 비공개 사료를 협의하여 13, 78, 79를 지정	波田野, 山下
00.00.00	문서전 개최에 따라 부처 견학차 내관	波田野, 山下
00.00.00	사료 전체의 마이크로필름화·복사본화 신청서, 허가서를 교환	山下, 太田
00.00.00	○山 씨 입원 연락	太田
00.00.00	병문안	波田野, 山下

<그림 1-3> 개요 카드의 기입 사례(2쪽 앞면)

○山家 문서 정리 기록

연월일	정리 사항	담당자
00.00.00	훈증, 보관고 임시 배가(~ 00.00.00)	林, 山下, 太田
00.00.00	개요 조사(~ 00.00.00)	山下, 太田
00.00.00	정리 카드 작성, 보존용 봉투에 넣기 (~ 00.00.00)	山下, 太田, 岸本
00.00.00	라벨 첨부 시작(~ 00.00.00)	岸本
00.00.00	보존서고에 배가	山下, 太田, 岸本, 林
00.00.00	목록 편성 작업(~ 00.00.00)	山下
00.00.00	목록 인쇄(00.00.00 간행)	山下
00.00.00	열람 공개	
00.00.00	마이크로필름 촬영(~ 00.00.00)	太田, 山下
00.00.00	복사본 작성(~ 00.00.00)	太田, 山下
00.00.00	복사본을 이용한 공개 시작	

이 밖에 '○山家 이용 상황 기록'이 있다(2쪽 뒷면, 그림 생략). 단, 교섭·정리·이용 등의 기록을 일괄해서 하나의 양식을 사용하는 것도 생각할 수 있다.

비고 : 이 카드는 2쪽으로 구성되어 1쪽 앞면에 전체 개요(<그림 1-1>), 뒷면에 교섭 기록(<그림 1-2>), 2쪽 앞면에 정리 기록(<그림 1-3>), 뒷면에 이용 상황 기록(그림 생략)을 기입하는 형태를 상정한 시안이다. 또한 1쪽은 사이타마 현립문서관에서 현재 사용하는 '가별개표(家別個票)'를 수정한 것이다.

<표 1> 사료군별·가문별 파일 수록 기록류

	기록용지·카드, 서류, 복사본 등	내용
전체 개요	사료군 개요 카드	45~47쪽 참조
조사 수집	현지조사 카드	52~54쪽 참조
	사료 보존 용기 교체 기록	그대로는 운반할 수 없기 때문에 용기를 옮기는 경우에 어떻게 옮겼는지에 대한 기록을 수집한 것, 58쪽 참조
	기록사진 카드	건물 부지, 건물, 보조 용기, 용기 내 보존 상황, 수집 작업 등을 촬영한 것
	조사의뢰서(사진)	
	기증·기탁 관계 서류(사진)	75~86쪽 참조
	복제물 작성 관계 서류(사진)	복제를 통한 수집의 경우, 87~88쪽의 의뢰서, 승낙서 외 촬영 기록, 촬영 위탁의 경우 계약서(사진) 등
정리	정리 작업 진행 기록표	각 작업의 실시 일정 등. 47쪽 참조
	개요 조사 카드	107쪽 참조
	기록사진 카드	보존 용기, 용기 내 보존 상황 등을 촬영한 것, 수집 단계와 동일
	정리 과정의 기록·메모	종래의 담당자가 노트 등에 기록해둔 내용 등도 조직 전체의 재산임
	사료 보존 용기 교체 기록	정리 과정 및 완료에 따라서 교체된 기록. 수집 단계와 동일
보존	보수 등의 기록	소규모 보수는 각 사료의 카드나 봉투에 기록해두면 좋지만, 대규모 보수는 여기에 정리
	복제물 작성 관계 서류(사진)	수집 단계의 것과 동일

이용	게재 이용 도서·논문 등의 목록 및 복사	해당 사료군의 복각이나 이용, 소개가 된 간행물·신문 등의 목록, 복사본도 철해두면 편리
	이용 전시회·강습회 등의 목록 및 자료	해당 사료군이 이용된 행사 등의 목록과 도록, 초록 등의 자료, 보도기사 등
	필름·인화 등 목록	사료군 중 필름이나 인화된 것의 목록 및 필름 등의 정리 번호, 사진류 전체를 대상으로 하는 사료군에서 가능한 검색 수단이 있으면 특별히 작성할 필요는 없다.
	게재·복제 등 허가 관계 서류(사진)	신청서, 허가서 등
기타	원소장자와의 통신	편지나 엽서, 팩스, 전화, 방문 등도 중요한 내용에 대해서는 서류화하여 남긴다.

2) 현지조사와 수집 작업

(1) **현지조사와 보존에 관한 이야기**

조사는 소장자에게 이야기를 듣는 청취 조사와 사료군 자체 조사로 크게 구분된다. 소장자 청취 조사는 반드시 현지조사나 수집 작업 때 해야 하는 것은 아니고 그 전 단계인 소재 확인 과정에서 실시하는 경우도 적지 않다. 어느 단계에서 조사하든 정리에 이르기까지 최소한의 필요사항은 청취를 해야 한다. 또한 정리한 후에 기본 목록 해제를 작성할 때 확인해야 하는 것도 적지 않다.

소장자 청취 조사에서는 우선 사료군이 전래된 유래를 들어야 한다. 제가문서는 전래 경위나 성격이 복잡하고 다양하다. 촌락행정에 관한 공문서나 가문의 경영과 관혼상제 등에 관한 사문서가 뒤섞여서 전해지는 경우가 많기 때문이다. 또한 조상이 하이쿠(俳句)6)나 와카(和歌)7) 등에 흥미가 있었다면 작품과 그것을 위해 수집한 사료가 제가문서에 포함되는 경우도 많다. 촌역인 등에 선출되어 인계 받은 사료에 이전 가문의 문서가 섞여 있는 경우도 있다. 사료를 남기는 방법에는 중요한 의미가 있으므로 남겨진 이유, 인계된 경위 등을 상세하게 조사해 두는 것이 중요하다. 특히 소장자의 가문에 대한 구전(口傳)이나 옥호(屋號), 가계(家系) 등도 중요한 정보가 된다.

한편 사료군 조사는 집안 사람에게 들은 내용을 우선적으로 고려하면서 보존장소나 상태, 대략적인 내용, 수량 등을 조사한다. 이러한 조사 사항은 현지조사 카드 등에 계속 기록해두어야 한다. 현지조사 카드의 양식과 기입 사례를 다음에 게재하였다.

사례 1(<그림 2-1>, <그림 2-2>)은 대부분의 사료가 후세 사람들의 손길이 닿지 않아서 사료 생산 시점의 상태가 지금까지 남아 있을 가능성이 상당히 높은 경우를 상정하였다. 시정

---

6) 5·7·5 음절로 된 일본의 단가(短歌) — 옮긴이.
7) 중국에서 전해진 한시(漢詩)와 대비하여 일본 고유의 시나 노래를 이르는 말 — 옮긴이.

촌에 따라서는 이와 같은 사례가 거의 없는 경우도 있지만, 역으로 귀중한 본보기로서 의미가 있다. 현상을 보존하여 ① 최초 방문 및 사료의 유무 확인, ② 사료 조사 및 대화, ③ 수집에서 조사와 실제 반출, 도합 3회 방문하는 것을 가정하였을 때 두번째 방문의 기록 사례이다. 세번째 방문에서는 반출 기록이 필요하다. 문서관과 소장자가 함께하는 시간을 자주 갖기는 어려우므로 사진 등을 많이 사용하여 노력과 시간을 줄이는 것이 좋다.

사례 2(<그림 2-3>)는 이미 집안 사람의 손을 타거나 조사 과정에서의 조작으로 인해 사료의 원형이 해체되어 현상유지는 거의 의미가 없다고 생각되는 경우이다. 이 경우에도 애써 원형을 복구하기 위해 시간을 들일 필요는 없다. 현 상태 그대로 수집하는 것이 가장 간단하다. 사례 1에 비하면 조사 기록에 그렇게 시간을 들일 일도 없을 것이다.

사료군이 형성·보존된 형태를 연구하기 위해서도 현상을 유지·기록하는 것은 중요하다. 하지만 소장자의 사정에 따른 제한된 범위, 문서관의 체제 등 여러 제약 가운데 조사·기록이 이루어지므로 모든 사료군에 엄밀한 방법을 취하는 것은 불가능하다. 과거 경위 등을 잘 듣고 유연하게 대응할 필요가 있다. 45~47쪽(<그림 1-1>~<그림 1-3>), 58쪽(<그림 3>)에 실린 각 양식의 기입 사례는 보존상태가 좋은 사료의 예로서 참고하기 바란다.

이러한 조사 결과 등을 토대로 이후에 사료군을 어디에서 어떻게 보존할지 소장자와 의논한다. 즉, ①조사를 통해 드러난 현재의 보존상태와 지금의 상태를 유지할 경우에 사료의 보존상태 예측, ②소장자의 의향, ③문서관의 수집 방침·계획 등을 감안하여 사료를 그대로 소장자 집에서 보존할지, 문서관에 수장하여 보존할지를 결정한다. 소장자의 집에서 사료를 보존할 경우에는 복제를 통한 수집을 위해 복제 방법 등을 결정해야 한다.

<그림 2-1> 현지조사 카드의 기입 사례 1(뒷면)

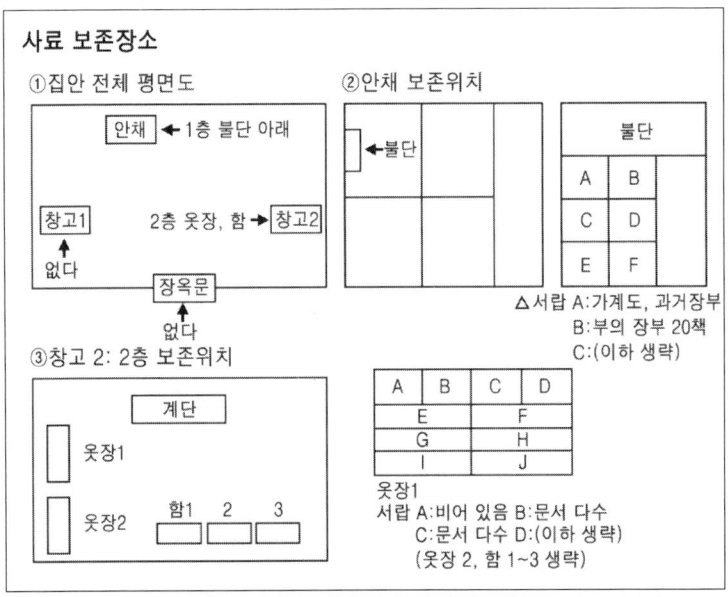

카드의 표면은 그림이나 사진을 자유롭게 붙일 수 있는 것으로 한다.

<그림 2-2> 현지조사 카드의 기입 사례 1(앞면)

No. 2/3

소장자명	○山 ○夫	주소	〒000 本町 0-0-0	전화	00-0000	조사횟수	2/3	대응자	집주인 ○夫 씨, 부인 ○子 씨
조사일시	00년00월00일(화) 00시~00시			조사자 (기입자○)		○山下憲一, 太田綾子, 加藤明重 지구 조사원			
내용	① 사료 보존장소, 대략의 수량 ③ 사료군 전래 경위					② 가문의 역사 듣기 ④ 수집·보존 관련 대화			

① 지난 번 첫번째 방문(0월 0일)에서는 집주인이 부재 중이어서 부인과 이야기를 하여 사료가 있는 것을 확인하는 차원에 머물렀다. 이번에는 집주인 입회하에 안채와 창고의 보존장소를 살펴보았다. 그 결과 불단 아래의 서랍과 2층 창고의 옷장 2개, 함 3개에 사료가 있는 것을 확인하였다(뒷면 도면). 그 대략적 수량 및 개요는 다음과 같다. (1) 안채 불단 아래의 서랍 A: 가계도와 부의(賻儀) 장부 등 약 50점, B: …… (이하 생략).

② 전국기에는 북조씨에게 벼슬하고, 그의 사망 후 이 지역에 토착하였다. 조상 대대로 명주, 촌장, 현회 의원을 지냈고, 에도 시대에는 에도에 점포를 가지고 있었다고 들었다. 몇 대조쯤에는 학문을 좋아하는 사람이 있어서 유명한 학자가 …… (이하 생략).

③ 조상 대대로 사료 수집에 흥미가 있었고, 때때로 사료들을 꺼내보았다고 들었다. 그 이전은 잘 모른다. 집주인이 사료군 전체를 보지는 않았다. 선대는 촌사무소에 없는 문서를 많이 가지고 있었다. 배구나 전통 음악 관련 서적도 수집하였다. 대학이나 현·정 등에서 조사를 하지는 않았다고 생각된다 …… (이하 생략).

④ 집주인도 흥미가 없다고 하고, 자식들도 모두 관심이 없다. 어제 소장 사료가 정의 역사 편찬에 사용될 예정이라고 자식들에게 이야기하였다. 그리하여 사료를 관에 기탁하게 되었다. 0월 0일에 수집하기로 하였다. 사료의 수량이 많아 작업·기록에 시간이 걸리므로 아침 9시부터 저녁까지 수집 작업을 할 수 있게 해달라고 요청했다. 또한 계약에 대해서는 …… (이하 생략).

내용란의 ①~④는 각각 아래 기술한 ①~④에 대응한다.

<그림 2-3> 현지조사 카드의 기입 사례 2(뒷면)

No. 1/11

소장자명	○山 ○夫	주소	〒000 本町 0-0-0	전화	00- 0000	조사 횟수	2/3	대응자	집주인 ○夫 씨 부인 ○子 씨
조사 일시	00년 00월 00일(火) 00시 ~ 00시			조사자 (기입자○)			○太田綾子, 日比寬治		
내용	① 사료의 유무, 보존장소, 대략의 수량 ② 가문의 역사 청취 ③ 사료군 전래 경위 ④ 수집·보존 관련 대화								

① 예전부터 촌회 의원을 지낸 가문으로 사료 소유 가능성이 있어 방문하였다. 선대에서 향토사를 연구하였기 때문에 사료가 정리되어 전해져왔다. 약 200점의 사료가 귤상자 1개에 들어 있다. 거실이나 서재에 사료가 있다고 해서 보존장소라고 할 수는 없다. 사료의 내용은 명주 시대의 문서와 촌회 의원이었던 부친과 관계된 것이 주를 이룬다.

② 선대에서 남긴 기록에 가문의 역사가 상세히 나와 있다. 복사하여 기록을 얻기로 결정하였다. 현재 집주인은 그 이상의 사실은 알지 못한다.

③ 촌회에 관계된 사료는 의원을 지낸 선대에서 몸소 한 건 한 건 철하여 보존해온 것이다. 그 이전의 것은 역시 선대가 향토사나 조상에 관해 조사하기 위해 정리한 것이다. 사료의 형태에 구애받지 않고 분류되어 있다. 현재도 집주인이 사료를 때때로 꺼내 보면서, 그때마다 위치 등이 변해왔다.

④ 집주인이 내년에 정년 퇴직하면 소장 사료를 조사해보려고 하여 가까이에 두려고 한다. 단, 마이크로필름으로 촬영하여 수집·이용하는 것은 상관없다고 하였다. 그래서 사료를 빌려서 정리·촬영하기로 하였다. 0월 0일에 차용 약속을 하였다.

뒷면 생략

(2) 원형 보존과 작업의 기록

소장자와의 논의에 기초하여 결정한 방법에 따라 수집 작업에 착수한다. 원사료 수집, 복제를 통한 수집, 현지 정리를 통한 정보만의 수집 등의 방법이 있다. 어떤 방법이든 간에 사료를 본래의 보존장소에서 움직이게 된다. 이때 소장자의 집에서 보존하던 공간과 사료의 단위 그대로 이동하여 수집하는 것이 필요하다. 하나의 창고, 하나의 용기[함, 행장 등], 하나의 봉투 등으로 구분하여, 일괄 단위를 흩뜨려서 수집하는 일이 없어야 한다. 소장자의 집 내부 어디에서 나온 것인지, 예를 들면 불단에서 나온 것인지 옷장의 어느 서랍에서 나온 것인지까지 상세하게 기록한다. 용기에 들어 있는 사료는 해당 용기를 단위로 수집하고 상세하게 기록한다. 또한 옷장 등과 같이 여러 개의 서랍이 있는 것은 어느 서랍에서 수집한 것인지 알 수 있도록 기록할 필요가 있다.

요컨대 사료가 만들어진 시대 상황을 나중에도 알 수 있도록 기록하는 것이 중요하다. 묶여 있거나 작은 서랍에 들어 있던 사료는 어떠한 이유나 역사적 사정 때문에 만들어졌는지 모르기 때문이다. 시대의 연구 동향이나 풍조 등에 영향을 받거나 자의적으로 사료를 취급하지 말고, 남아 있는 사료 자체에 의거해서 수집해야 한다.

소장자의 집에서 사료를 보관하던 용기가 있으면 용기도 함께 수집하는 것이 원칙이다. 각각의 용기가 소장자 집안의 어디에 있었는지, 어떠한 상태에 있었는지 등도 기록한다. 기록할 때는 사진을 찍어두는 것이 편리하다. 또한 사료의 이동 유무에 관해서는 소장자에게 들은 내용을 기록으로 남기는 것이 좋다. 수집 작업을 할 때 원질서가 깨질 우려가 있는 것은 확실하게 기록해둔다. 사료 한 점 한 점의 원질서는 정리 단계의 개요 조사 때 기록한다.

(3) 사료의 취급

상자나 서랍 등 수집 단위 내에서 부여된 질서는 붕괴되지 않게 한다. 한 건의 기록이나 편책이 하나의 봉투에 함께 들어가 있거나 편철되어 하나로 묶여 있는 것은 나누지 않고 편철된 순서를 존중한다. 예전에는 사료가 새로운 형태 분류나 내용 분류로 인해 뿔뿔이 흩어지는 경우가 많았다. 이것은 고고학 발굴조사에서 지형이나 지질(地質)을 고려하지 않고, 아마추어 수준으로 뭔가 희귀한 것이 없는지 구멍을 파는 것과 비슷하다. 한번 파낸 기둥의 구멍은 원래대로 복원할 수 없다. 제가문서도 마찬가지로 봉투 안의 사료가 한번 흩어져버리면 복원할 수 없다. 몇 점의 사료를 하나의 봉투에 넣어서 보존한 사람의 의도를 고려하여, 언제라도 처음의 상태로 복원할 수 있도록 신중하게 취급하는 것이 중요하다. 소장자 집안의 보존·수납장소에서 지역문서관으로 사료를 반입하는 경우나 또는 현지에서 일정한 정리 작업을 한 경우 모두 사료군의 원형을 손상시키지 않도록 주의해야 한다.

일괄 사료군은 가능한 한 소장자의 집에서 사료를 담았던 고리짝이나 상자 등의 용기 채로 반출해야 한다. 또한 소장자의 집에서 문서관의 보존상자로 사료를 옮겨 담는 경우에는 정리 단계에서 불필요한 혼란을 초래하지 않기 위해서도 명확하게 기록으로 남긴다(<그림 3> 참고). 특히 보자기나 봉투 등에 일정량의 사료군이 들어 있거나, 사료가 끈[紐]이나 노끈[繩]으로 묶여 있거나, 한 장의 기록 사료가 책자나 권지(卷紙) 사료에 끼여 있는 경우도 많기 때문이다.

경우에 따라서는 사용 당시의 상태 그대로 일괄문서로 보존된 것이 있어서 실제로 정리를 진행할 때 하나의 중요한 표준이 된다. 또한 사료가 완전히 분류되지 않았더라도 보존상태 그대로 이동시키도록 주의를 기울여야 한다. 모든 사료 조사·수집에서는 현 상태를 존중하는 것이 중요하다는 사실을 명심해야 한다. 설문조사(권말 참고자료) 결과에도 "소장 당시의 상태를 복원할 수 있도록 수집한다", "가능한 한 정리 상태를 무너뜨리지 않는다"와 같이 제가문서를 수집할 때 구체적인 작업에서 원형을 붕괴시키지 않도록 세심한 주의를 기울여야 한다는 점이 강조되었다.

이와 같이 사료의 수집에서는 3원칙('평등의 원칙', '출처의 원칙', '원질서 존중의 원칙')을 염두에 두고 질서 있게 구체적으로 조사·수집 작업을 실시한다. 작업은 후일 사료 정리의 구체적

<그림 3> 보존 용기에 사료를 옮겨 담은 내용의 기입 사례
(<그림 2>의 사례 1의 경우를 상정)

소장자		○山 ○夫	주소	本町 0-0-0		No. 1/3
교체시기	(수집시), 훈증시, 정리시		연월일	00년00월00일	담당 작업자	山下憲一 太田綾子
교체개요	본채의 불단 아래 서랍은 옮길 수 없는 것으로 서랍 1 → 보존상자 1에 대응하여 옮겼다. 옷장 1, 2도 대형으로 옮길 수 없기 때문에 꺼내어 A~D는 각 한 상자, E~J는 각 두 상자에 옮겨 담았다. 옷장 2도 동일하다. 함은 옮겨 담을 수가 없어서 그대로 수송하였다.					
	보존 장소	원용기 → 보존상자			교체 요점	
1	본채 1층	불단 아래 서랍 A	→	보존상자 1	서랍에 사료가 겹겹이 쌓여 있던 상태 그대로 옮김. 원상태 사진 1-3)	
2	〃	〃	B →	〃 2	〃 1-4	
3	〃	〃	C →	〃 3	〃 1-5	
4	〃	〃	D →	〃 4	〃 1-6	
5	〃	〃	E →	〃 5	〃 1-7	
6	창고2, 2층	옷장 1 서랍	A →	〃 6	〃 1-10	
7	〃	〃	B →	〃 7	〃 1-11	
8	〃	〃	C →	〃 8	〃 1-12	
9	〃	〃	D →	〃 9	〃 1-13	
10	〃	〃	E →	〃 10	우측 덩어리는 그 상태로 10에, 좌측은 11에 옮김. 원상태 사진 1-14	

(2쪽 이하 생략)

인 흐름을 의식하여 적확하게 진행되어야 한다. 당연한 이야기지만, 사료는 신중하고 주의 깊게 다루어져야 한다. 사료는 한 점 한 점이 모두 다른, 소중한 것이다.

특히 벌레가 먹거나 파손된 사료를 취급할 때에는 세심한 주의가 필요하다. 책자의 경우에 표지에는 파손된 부분이 없더라도 내부에 심하게 벌레가 먹었거나 열어보는 동안에 찢어지는 경우가 있으므로 절대 무리하게 열어서는 안 된다. 수송을 위해 사료를 포장할 때에도 각 사료의 상태를 고려하여 조심스럽게 해야 한다.

<그림 4> 사료의 현상과 반출 작업

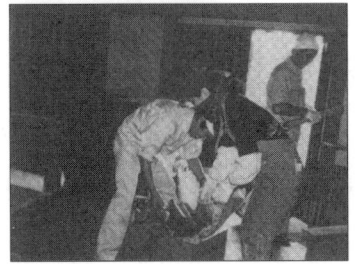
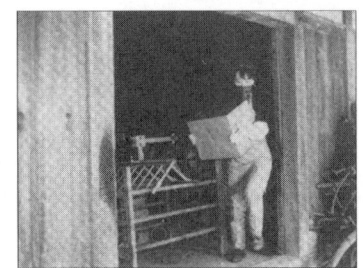

(4) 복제를 통한 수집

복제를 통해 사료를 수집할 때에는 복제물을 만들기 전에 원사료를 정리해야 한다. 그후 사료를 복제하여 수집하고 다시 복제물을 정리한다. 즉, 수집과 정리가 교대로 나타나는 흐름이 된다. 따라서 계획을 세울 때도 수집뿐만 아니라 정리까지 고려해야 한다. 여기서는 정리를 포함하여 복제의 흐름과 계획에 대해 기술하려고 한다.

① 원사료가 정리되지 않은 경우

이 경우에는 복제물 작성 이전에 원사료 정리가 필요하다. 졸속한 복제물 작성을 위해 사료군을 파괴해버리면 아무 성과도 거둘 수 없다. 복제 사료는 정리를 마친 사료에 한해서 만드는 것이 기본이다. 원사료 정리의 흐름은 제3장 2절에 기술된 정리의 흐름을 준거로 삼으려고 한다. 복제물을 수집한다고 해서 원사료 자체의 정리를 소홀히 해서는 안 된다. 지역문서관에서 수집한 사료의 형태가 원사료인지 복제물인지는 이차적인 문제이고, 두 형태 다 사료라는 사실 자체는 바뀌지 않는다.

지역문서관 수장 사료는 비교적 시간적인 여유를 갖고 정리할 수 있지만, 복제를 통한 수집에는 시간적 제약이 따른다. 시간적 제약을 조금이라도 완화시키기 위해서는 현지에서 정리하지 않고 사료군을 차용해와서 설비 조건이 양호한 지역문서관에서 정리하는 것이 바람직하다. 차용을 위한 수속은 신중하게 이루어져야 한다(74쪽 참고). 사료를 차용할 때는 이동 시의 위험성 등에 따라 좋지 않은 조건에 놓이기도 한다. 또한 소장자의 의향에 따라 현지 정리가 필요한 경우도 있다. 이러한 경우에는 소장자에게 폐가 되지 않는 범위 내에서 충분히 시간을 들여 가능한 한 정밀도 높은 정리를 해야 한다. 그러나 시간, 설비 등의 제약 때문에 어쩔 수 없는 경우에는 정리 범위를 제한할 필요도 있다.

무엇보다도 지역문서관은 국가나 현과 같이 넓은 지역을 대상으로 하는 문서관에 비해 소장자와 가까운 위치에 있다. 따라서 차용한다고 해도 사료가 원거리를 이동하는 것이 아니라 소장자의 거주지와 같은 지역 내에 눈길이 미치는 곳에 있다는 점에서 비교적 안심할 수 있다. 이와 같은 이점을 살려서 가능한 한 사료를 차용한 후에 시간을 들여 정리할 수 있도록 계획을 세워야 한다.

<그림 5>는 사료군 차용이 가능한 경우에 사료 수집과 정리의 흐름을 그림으로 나타낸 것이다. 이 흐름에 기초하여 일시 등을 고려한 계획을 세울 필요가 있다. 차용기간이 어느 정도인지에 따라 정리할 수 있는 원사료의 양이 달라진다.

최초의 기본적인 정리는 당연히 불가피하다. 그러나 원사료와 복제 사료 중 어느 것을 통해서 카드 작성에 필요한 기본 데이터를 수집할 것인지는 시간적인 제약에 따라서 선택이 가

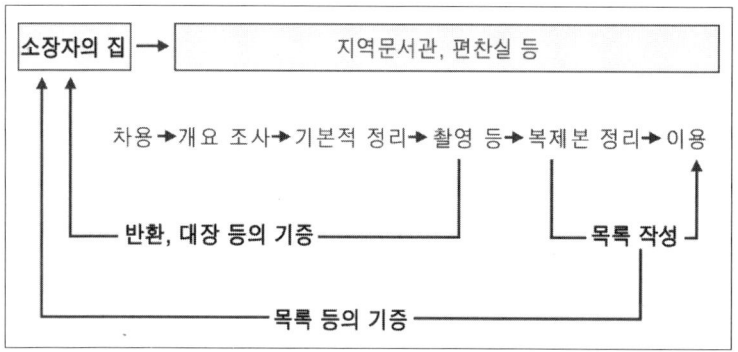

<그림 5> 사료군을 차용한 후에 복제하여 수집할 경우의 흐름
(차용기간이 충분한 경우)

능하다. 원사료를 이용하는 편이 정확한 정보를 얻을 수 있고 수정도 가능하므로, 작업이 가능한 기간을 산출하여 원사료를 빌리는 것이 바람직하다.

<그림 5>는 사료의 차용기간이 충분한 경우에 수집·정리의 흐름이다. 차용기간이 충분하지 않거나 차용할 수 없는 경우에는 처음에 '물건'으로서 사료를 정리하고, 정리가 끝난 시점에서 촬영하며, 그후 원사료는 반환한다. 필요한 데이터는 모두 복제 사료에서 수집한다. 이 경우에 데이터를 수집하는 과정에서 번호 부여 등 수정을 해야 할 때에도 원본 없이 작업을 진행해야 하는 결점이 있다. 소장자에게 문의하여 번호를 수정하거나, 번호는 그대로 두고 수정표를 부여하여 복제 사료의 번호를 수정한다. 이때 필름에 붙여넣은 번호의 수정은 불가능하기 때문에 외부 상자에 번호를 표시하는 방법 등

으로 대처하게 된다. 결번과 본래 무의미한 지번(枝番)이 생기는 경우도 있다. 그 흐름을 도식화하면 <그림 6>과 같다.

<그림 7>은 사료의 차용이 불가능하고, 소장자의 집에서 촬영 등의 작업까지 마친 경우이다. 다른 문서관이나 도서관

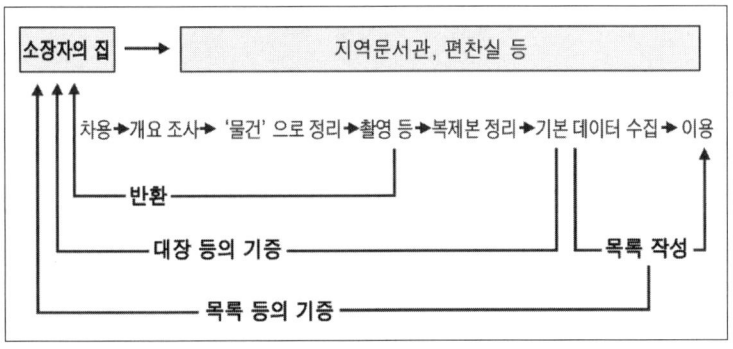

<그림 6> 사료군을 차용한 후에 복제하여 수집할 경우의 흐름
(차용기간이 불충분한 경우)

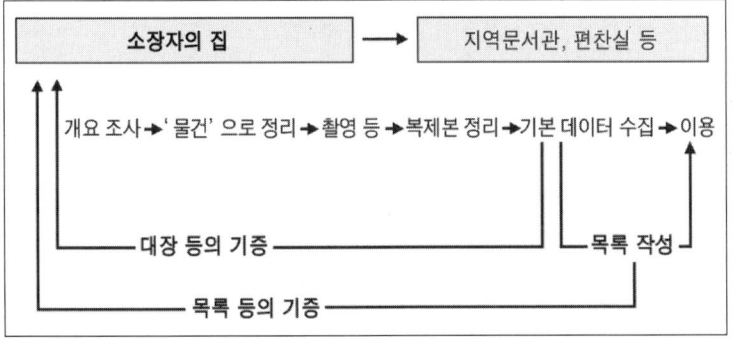

<그림 7> 사료군을 차용할 수 없어서
소장자의 집에서 사료를 복제하여 수집할 경우의 흐름

같은 시설에서 사료를 소장하고 있다면, 차용하기는 어렵지만 여러 설비는 비교적 갖춰져 있다. 그러나 일반 소장자의 집에는 설비가 없는 것이 보통이기 때문에 촬영 누락의 가능성이 높아지고, 복제 사료를 정리한 결과 다시 촬영해야 하는 경우도 생긴다.

② 원사료 정리를 마친 경우

다른 사료 보존기관에서 소장한 사료는 일반적으로 기본적인 정리를 마친 상태이다. 이 경우에는 기존의 정리 상태를 존중하여 사료를 촬영한다. 원사료 보존기관의 목록 등을 전용하면 기본적인 정리는 사료 번호와 복제 사료 번호만 대응하면 끝나므로, 수집 후 짧은 기간 안에 사료를 이용할 수 있게 할 수도 있다(물론 원사료 보존기관의 공개 기준과 다른 독자적인 기준을 적용시킨다면, 작업에 일정 시간이 필요하다. 또한 수집한 기본 데이터가 원사료 보존기관의 기록과 다른 경우에는 보완할 필요가 있다. 정리 카드를 통일하기 위해서, 특히 수장 사료를 사료군 단위를 넘어서 이용하기 위해 검색 시스템 사용을 고려할 경우에 데이터를 옮겨 적는 작업이 요구된다. 그러나 이 작업은 사료 이용이 시작된 후에도 가능하므로 **빠른 시일 내에 사료를 이용할 수 있도록 제공하는 것을 우선해야 할 것이다**). 이 흐름을 그림으로 표시한 것이 <그림 8>이다.

일반 소장자의 집에 있는 사료도 이미 정리된 경우가 적지

<그림 8> 정리 완료 후 사료군을 복제하여 수집할 경우의 흐름

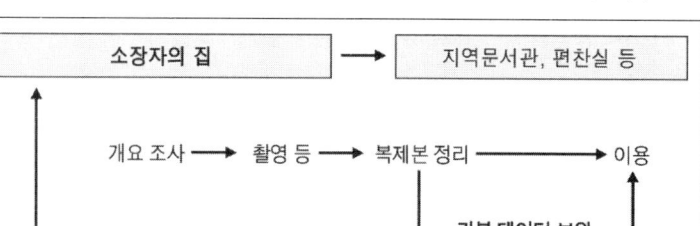

않다. 적절하게 정리되어 있다면 물론 그것을 존중해야 하지만, 정리 상태가 열악한 경우에는 다시 정리해야 한다. 이 경우에도 이전의 정리 번호와 대응할 수 있으므로 기존의 정리 자료를 남겨둘 필요가 있다.

3) 수집 용구

지역문서관의 제가문서 수집은 관의 정보(사료) 증대만이 주목적은 아니다. 지역문서관에서 제가문서를 수집하는 목적은 지역연구를 수행할 소재(사료)를 찾고 지역사료 보존을 도모하는 것이다. 그 때문에 지역문서관에서 원사료를 보존할 때와 복제 사료를 보존할 때 사용하는 수집 용구가 다르다.

지역문서관에서 원사료를 보존하는 것은 소장자로부터 기증받는 경우와 보존과 지역에서의 활용을 위해 일정기간 기탁 받는 경우로 구분된다. 또 사료를 복제하여 보존할 경우에는 지역문서관에서 정리하여 마이크로필름 등으로 복제하는 경우와 소장자 측에서 동의한 사료를 마이크로필름에 수록해서 복제 사료를 작성하는 경우가 있다. 그 때문에 제가문서 수집 활동은 활동 단계마다 약간 차이가 있다. 여기서는 사료 수집 활동에 사용되는 여러 가지 용구를 수집 단계에 맞춰 정리하였다. 상황에 따라 다양한 용구가 필요하다.

제가문서의 수집에서 처음 소장자의 집을 방문할 때(대부분 소재 확인차)는 수공예품이나 기념품(볼펜, 수첩, 지역문서관 간행물 등)을 가지고 가야한다. 사료는 창고나 골방 등에 있는 경우가 많으므로 수집 작업에 손전등이나 라이터가 필요한 경우도 많다. 복장은 더러워져도 괜찮은 것으로 하고 목장갑과 마스크, 타월 등을 가지고 간다. 바꿔 입을 옷을 준비해가면 더욱 좋을 것이다. 여름에는 모기와 같은 벌레에 물리지 않게 방충 스프레이 등도 준비한다.

작업에 들어가면 작업 기록용 카메라가 필요하다. 카메라는 흑백 필름을 넣은 것과 컬러 필름을 넣은 것, 2대를 준비한다. 창고에 사료가 보존된 경우에는 플래시 등도 필요하다. 또한 작업과 보존 상황을 기록하기 위한 카드가 있어야 한다. 보존 상황을 기록할 때 줄자, 종이 클립 등이 있으면 편리하다.

이 밖에 수집 형태에 따라서 다양한 용구가 필요하다. 기증, 기탁, 차용 등의 방법을 통해 사료를 문서관으로 옮길 때는 자동차, 꼬리표, 보존용 봉투, 보존상자, 종이봉투, 포장재(에어 캡, 얇은 종이에 면을 대서 만든 것 등), 끈 등이 필요하다.

  복제 사료를 작성하여 수집한 경우에는 카메라나 마이크로 필름 촬영기, 접사대, 촬영용 조명기구 등이 필요하다. 카메라는 사료 수가 적으면 35mm의 일안 리플렉스 카메라로 충분히 대응할 수 있다. 인쇄용으로 쓰거나 크게 확대할 필요가 있는 것 등 활용이 예정된 사료는 각각의 목적에 맞는 카메라와 필름을 선택하여 촬영한다. 대다수의 수집 사료는 마이크로필름 촬영기로 촬영하여 수록한다. 소장자의 집이나 다른 기관에서 사료를 복제할 때는 운반이 가능한 마이크로필름 촬영기가 편리하다. 이때 원사료의 정리가 필요하면 보존용 봉투, 보존상자 등도 지참한다. 또한 촬영에 앞서 간단한 보수(원형으로 되돌릴 수 있는 것을 원칙으로 한다)를 위한 도구로서 풀, 지승(紙繩)[8], 끈, 실 등을 준비한다. 작업 종료 후에는 보존상자에 건조제나 방충제를 넣어두는 것도 잊지 말아야 한다.

---

8) 종이로 꼰 노끈 ― 옮긴이.

3. 사료 수입과 수속

1) 사료 수입과 그 시설

　지역문서관에 수집된 제가문서는 정리하기 전까지 수집 정보의 기록 정리를 비롯하여 수입을 위한 여러 가지 절차를 거쳐야 한다. 원칙대로 한다면 수집상의 제 수속은 소장자의 집에서 이루어져야 한다. 하지만 사료의 원질서를 유지하면서 발굴 사료와 같은 정보의 기록에 무게를 둘 필요가 있으므로, 사무 수속은 수집이 끝난 후로 미뤄야 하는 경우도 있다.
　수집한 제가문서를 지역문서관으로 이동한 후의 작업은 수집 사료 수입, 보관, 훈증으로 구분된다. 제가문서는 다른 지역 사료와 동일한 작업 단계를 거치는데, 정리 후 보존고에 수장되기까지의 기간에 이러한 작업을 수행할 시설이 필요하다.
　수집된 사료는 자동차에서 내려지면 수입실(화물 하역실)로 운반되고 여기에 일시적으로 보관된다. 사료 반입을 마치면 바로 사료 수입 수속 작업에 들어간다. 사료 수입 단계에는 작업의 기록, 사료의 기증·기탁·구입 등, 수집 작업에서 할 수 없었던 미수속 사무를 행한다. 수집 시 소장자의 집에서는 여러 가지 카드와 수입 수속 서류를 충분하게 작성할 수 없는 경우가 있다. 현지조사 카드를 점검하여 수집 현장에서 사료 보존 상황에 대한 기록이 제대로 갖춰지지 않은 것은 가필·수정한다.

<그림 9> 지역문서관 시설 내에서 수집 사료의 흐름
(『지역문서관의 설립』 103쪽에서 인용)

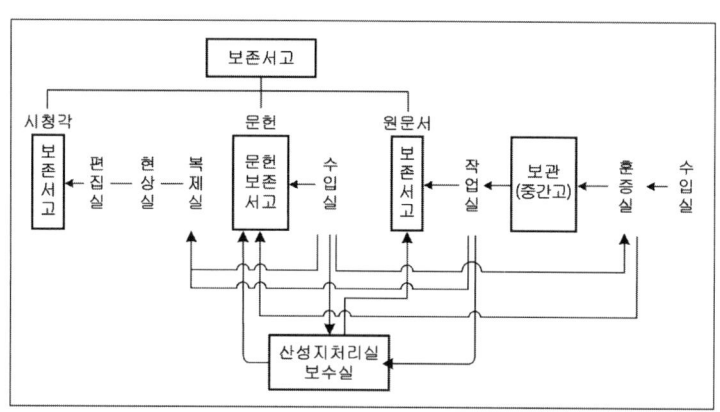

기억과 메모를 토대로 기록하기 때문에 수집에 참여했던 직원과 협의하여 사실 여부를 확인하면서 작업해야 한다.

또한 기탁·차용 사료는 소장자에게 반환할 때 원상태대로 복원시킬 수 있도록 원래 위치를 기록해두어야 한다. 이 경우 수집에 참가한 직원 전원이 사료의 원위치, 사료군의 정리 상태를 파악할 필요가 있다. 정리·검색·복제·보존·활용 등 각 단계의 작업 계획을 세워 작업 계획서를 작성한다. 특히 차용한 사료는 정해진 기간 내에 반환해야 하므로 작업 계획을 면밀하게 세울 필요가 있다. 그리고 수집 시 촬영한 사진은 인화하여 바로 정리하고, 제반 카드를 작성한 후에 계획서에 함께 편철한다.

훈증은 작업이 가능한 분량으로 사료를 구분하고, 훈증이 끝나면 사료를 중간고로 옮긴다. 사료 정리 시점에는 중간고에서 작업실로 사료를 반출하여 작업을 행한다. 정리가 끝나면 사료는 다시 중간고로 옮겨지고 사료 수집·정리 작업이 종료된다. 이상에서 언급한 시설의 대부분은 다른 기능을 함께 갖는 경우가 많지만, 여기에서는 각 시설의 기능을 개별적으로 살펴보겠다.

수입실은 반입된 사료의 수집 수속이 끝난 후부터 훈증하기 전까지의 사이에 필요한 작업을 하면서 사료를 일시 보관하는 장소이다. 수입실은 지역문서관이 단독 시설인 경우와 복합 시설인 경우에 각각 면적과 시설의 구성이 다르다. 하지만 최소한 사료를 일시 보관하기 위한 서가, 작업을 하기 위한 책상 등을 설치할 공간은 필요하다. 또한 훈증하지 않은 사료는 중간고나 훈증이 끝난 사료와 직접 접촉하지 않는 시설에서 다룬다. 이 곳에는 자물쇠를 채워 사료 관리가 확실하게 이루어질 수 있도록 해야 한다.

훈증실은 사료에 붙어 있는 벌레나 미생물을 제거하는 시설로서 외벽에 접한 곳에 설치한다. 내부에는 가스에 내성이 있는 수지 도료를 내부에 발라야 하고, 문은 완전 밀폐가 가능해야 하며 출입구 부근에는 가스 감지기를 설치해야 한다. 훈증 가스는 가장 바깥 외벽에서 배기할 수 있도록 사전에 배관해 둔다. 배기구는 직원 사무실, 공기 조절 설비, 창문 등에서 떨어져 있어야 한다. 훈증실에는 방전·누전에 대비할 수 있는 콘

센트, 환풍기, 훈증기를 설치한다. 훈증기는 상압과 감압 겸용이 좋다. 또한 실내에 수도관을 배관하는 것이 좋다.

중간고는 정리 작업이 진행 중인 사료를 보관하는 곳이다. 매일 사료가 입·출고되므로 보존서고와는 별도의 시설이 요구되지만, 보존서고의 한 부분에 다른 사료에 영향을 주지 않도록 하여 중간고를 설치하는 것도 가능하다. 다량의 사료를 취급하지 않는 경우에는 작업실에 자물쇠를 채울 수 있는 서가 등을 설치하여 중간고로 활용하는 것도 생각할 수 있다.

작업실은 훈증을 마친 사료를 정리하는 공간이다. 취급 사료의 양, 직원 수 등의 조건에 따라서 작업실의 면적은 달라진다. 여러 작업을 동시에 진행하거나 많은 사료를 넓게 펼쳐두고 작업하는 경우가 있으므로 작업실은 다목적으로 활용할 수 있는 공간으로 만들어야 한다.

2) 서류 수속

이상의 작업 가운데 사료의 기증·기탁·차용 등의 수속은 법규에 따라 실시되어야 한다. 지역문서관에서 사료를 수집하는 경우에 지자체의 재무 수속과 역사자료의 관점에서 독자적인 수입 체제를 갖출 필요가 있다. 또한 조례나 법칙에 수속 절차를 명기해두는 것이 좋다. 이러한 법률상의 수속에 관해서는 야마구치(山口) 현 문서관의 '문서의 기증·기탁·차용 취급 요강' 및 각 서식 등을 참고하면서 살펴보겠다.

(1) 기증

지역문서관에서 받는 기증은 소장자가 무상으로 사료를 지역문서관에 주겠다는 의사를 표시하고, 관에서 이러한 제의를 승낙함으로써 성립한다. 법률상으로는 증여라고 한다. 이때 소장자와 지역문서관 간에는 증여 계약을 체결한다. 그러나 통상 기증은 지역문서관 조례, 법칙 등의 규정에 따라 소장자가 기증 신청서(76쪽 <제1호 양식>)를 제출하고, 문서관에서 수령서(77쪽 <제2호 양식>)를 넘겨주는 형식으로 이루어지는 경우가 많다. 야마구치 현 문서관에서는 문서관에서 기증을 의뢰할 경우에 의뢰서(82쪽 <예문 1>)를 보낼 수 있도록 하였다.

이때 주의할 점은 소유권 이전 관계상 사료 소유자의 확인을 받고 사료를 인도한 날짜나 기증한 날짜를 명기해두어야 한다는 것이다. 특히 수집 후 문서관에서 사료를 열람이나 조사·연구·전시·강좌 등에 이용하는 것에 관하여 소장자에게 충분히 이해를 구하고 승낙을 받아둘 필요가 있다. 가능한 한 사료 이용에 대한 부대 조건이 붙지 않는 것이 바람직하다. 그러나 개인에 관한 사료는 사전에 이용 범위를 결정해두는 것이 필요하다. 여기에서 언급한 사항은 정식 서류를 교환할 때 확인해야 한다.

아울러 사료를 기증 받은 후에는 빠른 시일 내에 감사장(84쪽

<예문 3>)을 보내는 것이 좋다. 정식으로 문서관에 수집된 사료는 정리하여 목록 또는 수장 대장을 작성한다. 이때 기증자를 영구히 알리기 위해 기증 가문과 기증자의 이름을 밝힌다.

(2) 기탁

기탁은 사료의 소유권 이전 없이 그 보관과 이용을 목적으로 원사료를 수집하는 것이다. 기탁에 필요한 수속 서류는 소장자가 작성하는 기탁 신청서(78쪽 <제3호 양식>)와 문서관에서 작성하는 수탁서(79쪽 <제4호 양식>)이다. 그 밖에 사용 목적, 기탁 기간 등을 정한 사용 대차(기탁) 계약을 체결하는 경우도 있다(<그림 11>). 이러한 서식은 소장자의 신청으로 인해 기탁 수속이 이루어진 예이고, 문서관에서 기탁을 의뢰할 경우에는 의뢰서(83쪽 <예문 2>)의 발송을 고려할 수 있다.

기탁에서 주의할 점은 기탁하는 사람이 누구인지 명확하게 밝히는 것, 기탁 받은 사료를 특정(特定)하는 것이다. 수집 사료의 양이 많아서 모두 특정할 수 없는 경우에는 무게를 측정하거나 "이러이러한 사료를 담은 상자는 몇 개"라는 식으로 총량으로 특정하거나 사진을 촬영하는 등 내역을 확실하게 밝히는 것이 바람직하다. 또한 기탁 기간을 결정해야 한다.

기탁 후 이용을 고려해서 사용 대차 계약을 체결한 경우에는 계약 당사자를 확정한 다음, 사용 목적을 우선적으로 명기한다. 특히 사용 기간과 사용상의 조건 등도 계약 내용에 포함시킬 필요가 있다. 기탁 사료도 문서관 소장 사료와 똑같이 소중하게 보존하고, 문서관이 사료를 이용·활용에 제공할 때는 소장자의 양해를 구해야 한다. 아울러 장래에 계속적으로 사료를 보존하기 위해서 기증에 대한 권유가 필요한 경우가 있다.

다음으로 기탁 수속이 종료되면 신속히 감사장(84쪽 <예문 4>)을 발송하고, 기탁 사료는 신속히 기탁 문서 정리부 등에 기입한다. 정리부에는 기탁 기간 등을 명기하여 계약을 갱신할 때 기본 대장으로 삼는다.

(3) **차용**

사료의 차용은 기증·기탁이 곤란하기 때문에 소장자에게 일정 기간 사료를 빌려서 정리하고, 사료 목록을 작성하거나 마이크로필름 등으로 사료를 복제한 후에 반환하는 것을 말한다. 차용 수속 서류에는 예탁서, 차용서(80쪽 <제5호 양식>), 보관서 등이 있다. 내용적으로는 차용 사료의 이름, 수량, 차용 기간, 차용 목적 등을 명기한다.

사료를 차용할 때는 사전에 더럽혀지거나 손상된 부분, 수량 등을 확인하고, 반환할 때에도 소장자가 반환 사료에 대해 확인한 내용을 서류로 작성하여 교환해야 문제가 적다. 또한 사료를 복제할 때는 의뢰서(<그림 12-1>)를 보내고 촬영 허가서, 복제물 작성 승락서(<그림 12-2>)를 작성해야 한다.

<그림 10> 야마구치 현 문서관 '문서 기증·기탁·차용 취급 요강'
(동관 1990년판 '연보'에서 인용)

11. 문서 기증·기탁·차용 취급 요강

(시행 1982년 4월 1일)

이 요강은 야마구치 현 문서관 조례 제3조 제2호의 규정에 따라 수행하는 수집 업무 중, 문서를 기증 또는 기탁 받은 경우 및 문서를 차용한 경우에 필요한 사항을 정한 것이다.

1. 문서의 기증

문서를 기증 받은 경우에는 기증 신청서(제1호 양식) 제출을 요구하고, 수령서(제2호 양식)를 발행·교부한다.

2. 문서의 기탁

문서를 기탁 받은 경우에는 기탁 신청서(제3호 양식) 제출을 요구하고 수탁서(제4호 양식)를 발행·교부한다.

3. 문서의 차용

문서를 차용한 경우에는 차용서(제5호 양식)를 발행한다.

4. 취급 원부(原簿)

문서의 기증·기탁은 각각 원부(기증은 제6호 양식, 기탁은 제7호 양식)를 만들어 처리한다.

5. 의뢰서

문서를 기증·기탁 받는 경우에는 필요에 따라서 사전에 기증 의뢰서(예문 1) 또는 기탁 의뢰서(예문 2)를 발송할 수 있다.

6. 감사장

문서를 기증·기탁 받은 경우, 각각 기증 감사장(예문 3) 또는 기탁 감사장(예문 4)을 발송한다.

7. 시행일

이 요강은 1982년 4월 1일부터 시행한다.

<제1호 양식> 기증 신청서

년 월 일

야마구치 현 문서관장 귀하

기증자 주소 :
성   명 :

기 증 신 청 서

다음의 문서를 귀관에 기증하기 위해, 이에 신청합니다.

기록

1. 문서명

2. 수량

<제2호 양식> 수령서

년 월 일

귀하

야마구치 현 문서관장

수 령 서

1. 기증 문서명

2. 수량

　　년　월　일부로 기탁을 신청한 상기 문서를 확실하게 수령하였습니다.
　기증하신 문서는 본 문서관의 소장 문서로 소중하게 관리하고, 본 관의 설치 목적을 위해 활용하며, 학술적으로 유익한 이용에 제공하여 기증하신 의도에 따를 생각입니다.

<제3호 양식> 기탁 신청서

년 월 일

야마구치 현 문서관장 귀하

기탁자 주소 :
성   명 :

기 탁 신 청 서

다음의 문서를 귀관에 기탁하기 위해, 이에 신청합니다.

기록

1. 문서명

2. 수량

<제4호 양식> 수탁서

년 월 일

귀하

야마구치 현 문서관장

수 탁 서

1. 기증 문서명

2. 수량

　　년　월　일부로 기탁을 신청한 상기 문서를 확실하게 수령하였으며, 아래 조건에 따라 수탁하였습니다.

기록

1. 기탁 받은 문서는 본 문서관의 소장 문서에 준하여 소중하게 관리하고, 본 관의 설치 목적을 위해 활용하며, 학술적으로 유익한 이용에 제공하는 것으로 한다.
2. 기탁자가 기탁의 해제를 요구할 때는 본 수탁서와 교환하여 기탁 문서를 반환하는 것으로 한다.

<제5호 양식> 문서 차용서

년　월　일

귀하

야마구치 현 문서관장

문　서　차　용　서

귀하가 소장하신 아래 문서를 차용하려고 합니다. 차용 중 취급에 충분히 주의하고, 보존·관리를 엄중히 하며, 만일 파손·분실·오손 등의 사고가 발생할 경우에는 신속히 연락을 드린 뒤 배상하겠습니다.

기록

1. 차용 기간 :　　년　　월　　일부터
　　　　　　　　　년　　월　　일까지

2. 차용 목적

3. 차용 문서명 및 수량

제2장 제가문서의 수집

<제6호 양식> 기증 원부

결 재		기증번호	문서명	수량	기증자 주소·성명	기증 연월일	수령 연월일
관장						년 월 일	년 월 일
부관장							
관원							
주임		비고					

<제7호 양식> 기탁 원부

결 재		기탁번호	문서명	수량	기탁자 주소·성명	기탁 연월일	수탁 연월일
관장						년 월 일	년 월 일
부관장							
관원							
주임		비고					

<예문 1> 기증 의뢰서

山文 제   호
년 월   일

귀하

야마구치 현 문서관장

문서 기증 의뢰

　삼가 귀하의 건강을 기원합니다.
　본 문서관은 야마구치 현의 문서 기록을 비롯하여 현내에 있는 역사 관계 문서 기록을 수집·보관하고, 이를 활용하여 문화 향상·발전에 기여하려는 목적으로 1959년에 설치되었습니다. 이후 목적을 달성하기 위해 나날이 노력을 계속하고 있습니다.
　이러한 취지에서 귀하께서 소장하신 아래 문서를 본 관에서 기증 받았으면 합니다. 기증 받은 뒤에는 소중하게 보존하면서 본 관의 설립 목적을 위해 활용하고, 또한 학술적 이용에 제공할 생각입니다.

기록

문 서 명

<예문 2> 기탁 의뢰서

山文 제   호
년 월 일

　　　　귀하

　　　　야마구치 현 문서관장

　　　　　문서 기탁 의뢰

　삼가 귀하의 건강을 기원합니다.
　본 문서관은 야마구치 현의 문서 기록을 비롯하여 현내에 있는 역사 관계 문서 기록을 수집·보관하고, 이를 활용하여 문화 향상·발전에 기여하려는 목적으로 1959년에 설치되었습니다. 이후 목적을 달성하기 위해 나날이 노력을 계속하고 있습니다.
　이러한 취지에서 귀하께서 소장하신 아래 문서를 본 관에서 기탁 받았으면 합니다. 기탁 받은 뒤에는 소중하게 보존하면서 본 관의 설립 목적을 위해 활용하고, 또한 학술적 이용에 제공할 생각입니다.
　또한 기탁 취소를 요구하실 때는 신속하게 문서를 반환할 것임을 덧붙여 말씀드립니다.

　　　　　　　　　　기록

문 서 명

84 제가문서의 수집과 정리

<예문 3> 기증 감사장

```
                                        山文 제         호
                                            년   월   일

        귀하

            야마구치 현 문서관장

    삼가 귀하의 건강을 기원합니다.
    이번에 귀중한 문서를 기증해주신 친절한 마음에 깊이 감사드립니다.
    기증하신 문서는 이후 당관의 책임에 두고 만전의 관리를 행하고, 당
관의 설치 목적을 위해 활용하며 또 학술적으로 유익한 이용에 제공하
여 기증의 의도에 따를 생각입니다.
    우선은 서면으로 감사를 표합니다.
```

<예문 4> 기탁 감사장

```
                                        山文 제         호
                                            년   월   일

        귀하

            야마구치 현 문서관장

    삼가 귀하의 건강을 기원합니다.
    이번에 귀중한 문서를 기탁해주신 친절한 마음에 깊이 감사드립니다.
    기탁하신 문서는 이후 당관의 책임에 두고 만전의 관리를 행하고, 당
관의 설치 목적을 위해 활용하며 또 학술적으로 유익한 이용에 제공하
여 기탁의 의도에 따를 생각입니다.
    우선은 서면으로 감사를 표합니다.
```

<그림 11> 사이타마 현립문서관 기탁(사용대차) 계약서 양식

계약서

_____(이하 '갑'이라고 한다)와 사이타마 현립문서관장(이하 '을'이라고 한다)은 문서 사용·대차에 관하여 다음과 같이 계약합니다.

(목적)
제1조 갑은 을에게 갑이 소유한 상기 문서를 무상으로 대여하기로 한다.

(기간)
제2조 1항 사용·대차 기간은 년 월 일부터 년간으로 한다. 단, 기간 만료 시 갑에게 반환 청구가 없는 경우에는 자동적으로 동 기간 계약을 갱신한 것으로 본다.
2항 자동 갱신 후의 취급도 동일하다.

(사용 목적 등)
제3조 을은 전기(前記) 문서를 문서관 설치 목적을 위해 활용하는 외에 학술적 이용에 제공하고, 항상 선량한 관리자로서 주의 깊게 관리하기로 한다.

(사용 방법)
제4조 을은 전기 문서를 사이타마 현립문서관에서 소장한 다른 문서와 동일하게 취급하기로 한다.

(비용 부담)
제5조 을은 전기 문서의 통상적인 관리에 필요한 경비를 부담하기로 한다.

(손해 배상의 면제)
제6조 을은 불가항력에 의한 전기 문서의 손해에 대해서 그 책임을 지지 않는 것으로 한다.

(양도 등의 사전 협의)
제7조 갑은 전기 문서를 타인에게 양도할 경우, 또는 제2조에 정한 계약기간 만료 이전에 전기 문서의 반환이 특별히 필요한 경우에 사전에 을과 협의하기로 한다.

(인도, 반환 장소)
제8조 전기 문서의 인도·반환 장소는 사이타마 현립문서관으로 한다.

(규정 외의 사항)
제9조 이 계약에 정하지 않은 사항과 더불어 계약 조항의 해석에 대해 의문이 있는 경우에는 갑, 을 간에 협의하여 결정하는 것으로 한다.

  이 계약의 증거로서 본 계약서 2부를 작성하고 갑, 을의 기명 날인 후에 각각 1부를 소지하는 것으로 한다.

년   월   일

갑

을

<그림 12-1> 마이크로필름 촬영 의뢰서 양식

년 월 일

귀하

○○○○○○○○교육위원회
교육장

고문서에 대한 마이크로필름 촬영 및 복사·제본 의뢰서

 삼가 귀하의 건강을 기원합니다.
 정사 편찬사업에 항상 각별히 협력해주시는 것에 깊이 감사드립니다. 안내해드린 바와 같이 이 사업의 목적은 '○○史'를 간행하는 동시에 정내에 남겨진 자료를 수집·보존하는 것입니다.
 정내 구가(舊家)에 남겨진 고문서는 ○○의 역사를 아는 데 귀중한 사료로서 영구히 보존하여 후세에 전해야 할 것으로 사료됩니다. 이미 몇몇 가문의 협력을 받아 일부 고문서를 마이크로필름 촬영, 복사·제본 등을 거쳐 보존하고 있습니다.
 귀가에서도 이러한 취지를 이해하시고 촬영 및 복제·제본을 허락해주시기 바랍니다.

<그림 12-2> 마이크로필름 촬영 승낙서 양식

```
                                        년   월   일

              승     낙     서

        교육위원회
 교육장              귀하


                          성명

                          성명         (인)

 소장 고문서의 복제를 승낙합니다.
```

4. 수집 후의 활동

 제가문서의 수집은 지역문서관에 수장함으로써 종료되는 것은 아니다. 그 이후의 활동이 더욱 중요하다고 할 수 있다. 지역문서관에서는 수집한 제가문서의 활용을 도모할 때도 사료의 영구 보존을 우선적으로 고려해야 한다. 이것은 지역문서관 소장 사료뿐만 아니라 지역 내의 다른 기관 혹은 개인이 소장·소유한 사료에도 동일하게 적용된다. 지역문서관은 국가나 도도부현의 문서관에 비해 지역에 근거한 활동이 가능하다는 커다란 장점이 있고, 전술한 바와 같이 지역에 존재하는 사료를 관리하는 것도 지역문서관의 임무 중 하나이기 때문이다. 단적으로 말하면 지역문서관은 지역 내 사료의 소재나 보존상태 등을 끊임없이 파악해야 하는 시설이다. 여기에서는 이러한 전제하에 지역문서관이 수행할 수집 후 활동에 어떤 것이 있는지를 중심으로 기술하려고 한다.

수집 후 활동으로 가장 중요한 것은 사료 소장자(기증·기탁자도 포함)와의 긴밀한 연락이다. 소장자가 사료를 지역문서관에 기증·기탁한 후 또는 지역문서관에서 사료를 일정 기간 차용(이용)하고 소장자에게 반환한 후에 양자의 관계가 소원해진다면 지역문서관의 존재 의의가 그만큼 퇴색할 것이다. 감사장, 연하장, 초대장, 간행물을 보내는 등 정기적으로 교신하는 것은 물론, 소장자의 집에 직접 방문함으로써 소장자와의 인간관계를 좋게 유지해나가야 한다. 이를 위해 소장자가 문서관을 방문할 기회가 늘어나도록 노력할 필요가 있다.

지역문서관은 국립문서관이나 도도부현 문서관에 비하면 소장자의 집에서 거리상으로 너무 먼 위치에 입지한 경우는 거의 없다. 따라서 소장자가 가벼운 마음으로 문서관을 방문할 수 있도록 하는 것이 중요하다. 지역문서관은 소장자에게 '가깝고도 가까운 존재'가 되어야 한다. 특히 소장자에게 자신이 소장하던 사료뿐만 아니라 다른 지역사료도 열람하고 이용하게 하는 것은 지역문서관으로도 의미 있는 일인 동시에 사료의 중요성에 대한 인식을 높이는 효과도 얻을 수 있다.

지역문서관에서 더 이상 수장하지 않는 사료라고 할지라도, 반환 후 정기적으로 소장자의 집을 방문하여 사료 보존에 실질적인 도움(예를 들면 방충제, 보존 용구·용기, 보존 장소에 적합한 가장 좋은 보존 환경 등에 대한 정보 제공)을 주는 것이 필요하다. 사료 보존과 관리에 대한 지침서를 작성하여 배포하는 것도 하나의 방법이 될 수 있다. 이때 소장자에게는 관리 시 주의점, 이용자에게는 이용 시 주의점을 기록하여 지침서에 사료 목록과 함께 첨부하는 것도 좋은 방법이다. 또한 관리상 문제가 발생했을 때 도움을 청할 수 있도록 문서관의 연락처나 담당자의 이름을 기입해둘 필요가 있다. 지침서에는 이용 상황을 기입할 용지를 첨부하여, 이용 후 이용한 사료와 보존 상황 등을 기입할 수 있도록 한다.

소장자의 집에 보존 중인 사료군 가운데 특히 현 상태로 두면 사료의 열화가 현저하게 진행될 것으로 예상되는 사료는 지역문서관에서 수장할 것을 적극적으로 권유해야 한다. 또한 소장자의 집에서 사용하는 보존 방법을 개선하도록 권유할 필요도 있다. 무작정 원사료의 수집만을 생각할 것이 아니라, 다양한 요소를 고려하여 수집 이후의 계획을 세워두어야 한다.

이와 같이 사료 수집 후의 활동도 대단히 중요하다. 다음에는 수집 후 활동의 실례로서 도치기(栃木) 현립문서관의 활동을 살펴보려고 한다. 이 곳에서는 봄·가을에 한 번씩 연 2회, 각각 1주일 동안 '고문서 보존 상담 주간' 사업을 진행한다. 사업의 내용으로는 고문서 소장자와의 직접 상담을 통한 보존 수단에 대한 조언, 우편을 이용한 설문조사(<그림 13>) 실시, 보존 상황에 대한 실태 파악, 새로운 사료 소재 정보의 수집 등이 있다. 설문조사 응답률은 소장자의 세대나 주소가 바뀜에 따라 달라지므로 문서관에서 이러한 변화에 어떻게 대응할 수 있을지 검토할 부분이 있다. 하지만 설문조사는 조사 방법으로서 주목할 가치가 있는 사업이다. 시정촌의 경우에는 지역의 범위가 좁으므로 우편 대신 직접 방문하여 조사하거나 대상자가 실제로 사료를 볼 수 있게 하면 효과가 더욱 클 것이다.

 이전에 한번 정리된 적이 있는 사료에 대해서는 수집한 후에 이전 정리자나 기관과 연락을 취해보는 것도 유용하다. 이것은 이미 알 수 없게 된 정보를 이전 정리자나 기관이 가지고 있을 가능성이 있고, 정보 교환이라는 의의도 있기 때문이다. 정보 교환의 차원에서 원사료가 보존기관 등에 수장되어 있는 경우에도 새로운 정리를 통해 얻은 정보나 목록류, 혹은 보존 상황 등에 관한 정보를 제공할 필요가 있다. 복제 사료의 작성으로 연구자 등의 사료 이용 기회가 늘어남에 따라 각 기관에 새로운 정보가 축적될 가능성이 있기 때문에 정보를 교환하는 것은 서로에게 의미 있는 일이다.

이 밖에도 수집 후에 필요한 활동이 많지만, 어떤 경우에 있어서도 가장 중요한 것은 지역문서관(직원)과 사료 소장자 간의 커뮤니케이션이다. 결국 원만한 인간관계가 유지되지 않고서는 제가문서 보존 활동도 뜻대로 이루어지지 않는다. 자체 조사와 사료 수집·정리를 마친 후에도 지역문서관은 소장자와 관계를 긴밀히 유지하고 사료의 모든 것에 대하여 좋은 상담 상대가 되어야 한다. 이를 위해 항상 주위를 돌아보고 배려하는 것이 중요하다. 이것이 제가문서를 후세에 올바로 전해주기 위해 향후 지역문서관에 요구되는 자세이다.

<그림 13> 도치기 현립문서관 고문서 보존 상황 조사표

삼가 ○○○ 님의 건강을 기원합니다.

본 문서관에서 진행 중인 고문서 소재 조사에 협력해주신 것에 깊이 감사드립니다. 덕분에 고문서 소재 조사는 순조롭게 이루어져 현재까지 현내 약 2,500가문과 73만 점에 달하는 고문서의 목록을 작성하였고, 계속해서 조사가 진행 중입니다.

고문서를 소장하신 여러분께서도 조상 대대로 전해져온 귀중한 고문서를 매우 소중하게 보존하고 계실 것이라고 생각합니다. 그러나 고문서는 전통 종이를 사용하여 벌레나 좀 등 해충과 습기로부터 보존하기 어려워 고심이 크실 것입니다.

그래서 본 문서관에서는 고문서 보존에 만전을 기하기 위해 고문서 소장자를 대상으로 보존 실태를 조사하고 있습니다.

번거로우시겠지만 별지의 조사표를 작성하여   월   일까지 반송해주시면 감사하겠습니다.

삼가 말씀드립니다.

년   월   일

고문서 소장자 각위

도치기 현 문서관장

귀하의 소장 문서 중 본 문서관에서 목록을 만든 것은 다음 수량이 있습니다.

_____ 점

설문용지		도치기 현립문서관
	고문서 보존 상황 조사표	
귀하의 주소		
귀하의 성명		전화

다음 질문에 답해주십시오. 해당 번호에 ○ 표시를 하십시오.

1. 소장한 고문서의 목록을 작성하였습니까?
    ① 작성을 전부 완료하였다.
    ② 아직 작성하지 못한 것이 있다.

2. 목록은 누가 작성하였습니까?
    ① 도치기 현사 편찬실   ② 도치기 현립문서관
    ③ 해당 시정촌   ④ 기타 (   )

3. 현재 그 고문서는 어디에 두었습니까?
    (1) 해당하는 것에 ○ 표시를 하십시오.
        (자택, 공공기관, 학교, 공민관, 문서관, 기타)
    (2) 기타 구체적인 장소는 (   ).

4. 현재 소장 문서의 수량은 목록과 일치합니까?
    ① 목록대로 보존하고 있다.
    ② 대부분 보존하고 있다.
    ③ 거의 없어져버렸다(   ).
    ④ 전혀 없다(   ).

    4번 문항에서 ③, ④라고 답한 경우에 문서가 소실된 이유(예를 들면 화재, 수해, 소각, 분실 등)를 듣고자 합니다.

5. 목록 작성 후 고문서를 이용한 적이 있습니까?
    ① 가끔 이용한 적이 있다.
    ② 한두 번 이용한 적이 있다.
    ③ 한 번도 이용한 적이 없다.

6. 고문서에 첨부한 라벨은 붙어 있습니까?
    ① 잘 붙어 있다.   ② 많이 떨어졌다.
    ③ 떨어져버려서 목록과 합치하지 않는다.

7. 고문서의 보존 상황은 어떠합니까?
    (1) ① 해충이 없다.   ② 해충이 있고, 손상이 심하다.
    (2) ① 곰팡이가 없다.   ② 곰팡이가 있고, 손상이 심하다.
    (3) ① 습기가 없다.   ② 습기가 있고, 손상이 심하다.
    (4) 기타 (   )

8. 보존을 위해 고문서를 손질하였습니까?
    ① 가끔 햇볕을 쬐게 한다.
    ② 나프탈렌 등 방충제를 뿌린다.
    ③ 전혀 손질하지 않는다.

9. 보존 용기는 무엇입니까?
    ① 차상자(찻잎을 넣어두는 방습 처리된 상자)   ② 장롱
    ③ 마분지 상자   ④ 삽입
    ⑤ 함(뚜껑이 있는 직사각형의 상자)
    ⑥ 나무 상자   ⑦ 고리짝
    ⑧ 기타 (   )에 넣어둔다.

10. 이후 보존 계획에 대해 말씀에 주십시오.
    ① 이후에도 중요하게 보존하겠다.   ② 보존하기 어렵다.
    ③ 현이나 시정촌에 적당한 시설이 있으면 맡기고 싶다.
    ④ 필요 없으므로 처분할 생각이다.
    ⑤ 기타 (   )

협조해주서서 감사합니다. 번거로우시겠지만   월   일까지 동봉한 반송용 봉투에 넣어서 문서관 앞으로 보내주십시오. 그리고 고문서 보존에 대한 의견이 있으시면 아래에 적어서 보내주십시오.

제3장
제가문서의 정리

1. 정리에 앞서

　수집한 사료군은 그대로 보존서고에 수납하는 것만으로도 흩어질 위험은 면하게 된다. 보존서고의 환경 조건이 양호할수록 멸실 위험도 낮아져서 최소한의 보존 조치는 이루어졌다고 할 수 있다. 그러나 이것은 극단적으로 말하면 '문자가 적힌 낡은 종이'의 집적이고, 엄밀한 의미에서 역사와 지역을 연구하고 배우기 위한 지역사료의 보존이라고 말할 수 없다. 수집한 사료군은 정리되고 체계화됨에 따라 이용이 가능해지고 진정한 의미의 지역사료가 되는 것이다.
　정리되지 않으면 사료를 이용할 수 없다고 하였지만, 효율성을 고려하지 않는다면 실제로 미정리 상태에서도 필요한 사료를 찾아낼 수는 있다. 그러나 이러한 행위는 사료군의 질서와 구조를 파괴하는 것이다. 일정한 원칙에 기초하여 사료를 정리하면 필요한 사료를 꺼내 이용한 후에 곧바로 원위치로 되돌려놓을 수 있다. 사료를 정리할 때는 항상 원칙을 기억하고 기본적인 마음의 준비를 해야 한다.

1) 사료 정리의 원칙

34~37쪽에서 기술했던 '평등의 원칙', '출처의 원칙', '원질서 존중의 원칙', '원형 보존의 원칙', '기록의 원칙'은 정리 단계에서 대전제가 된다. 사료를 수집할 때는 원질서를 유지해야 하고, 정리 단계에서 소장자의 집에 남아 있는 보존 상황의 기록을 무시해서는 안 된다. 가문별로, 집 안에서의 보존 상태를 유지하여 수집한 사료라도 조잡하게 관리하거나 정리 단계에서 안이하게 취급하면 처음의 분류 상태를 알지 못하게 될 위험성이 있다. 심한 경우에는 사료가 어떤 사료군에 속한 것인지 알 수 없게 될 수도 있다. 사료를 신중하게 관리·취급한다는 생각을 항상 마음에 둘 필요가 있다. 수납과 배가, 번호 부여 등의 과정에서 원질서를 훼손하는 일이 없도록 하고, 사료 카드나 목록을 작성할 때도 원질서를 살리도록 유의해야 한다.

정리 단계에서 평등의 원칙을 고려하면 완전한 형태의 일반적인 문서뿐만 아니라 어떤 소재나 상태의 것이든 사료군에 포함된 모든 사료를 카드, 목록 등에서 평등하게 다뤄야 한다. 이 중에는 조각나서 의미 있는 정보를 수집할 수 없는 사료도 많다. 또한 백지 상태이거나 같은 용기 속에 연필이나 메달 같은 '물건'이 포함된 것도 있다. 이러한 사료들을 어떻게 처리할 것인지가 새로운 문제로 대두된다. 종래에는 미정리, 정리 불능 등으로 처리하여 무시해버리는 경우가 많았지만, 최근에는 남아 있는 사료 일체를 수집하는 경향이 강하다. 지바(千葉)현 문서관 수장문서 목록 제3집(『橫芝町 北淸水伊藤家 文書 目錄』)은 그 대표적인 예로, 분류 항목에 '20. 물품'을 설정하고 '토기', '나무상자', '포(베)', '금니' 등을 기재하였다.

완결된 문서 중에는 편지와 같이 해독과 분석이 상당히 어려운 것도 있다. 이것들을 정리하는 데는 시간이 많이 걸리기 때문에 그동안 이미 완성된 다른 대부분의 사료도 이용할 수 없게 될 우려가 있다. 기본적으로는 일괄된 사료군에 포함된 모든 '물건'을 평등하게 정리 대상으로 삼아야 한다. 하지만 반드시 모든 기록의 정리가 종료되기까지 공개·이용을 기다릴 것이 아니라, 각 기관의 조건에 따라 단계적으로 정리, 공개·이용으로의 이행을 고려할 필요가 있다.

2) 원형 보존을 위한 고려

사료군에 속한 사료 한 점 한 점에 대해서도 정리 단계에서 원형을 파손하지 않도록 신경을 써야 한다. 포장지 안에 들어 있거나, 붙어 있거나, 하나로 묶여 있거나, 봉투에 들어 있는 등의 보존 상태 그 자체가 하나의 정보이고, 그대로 정리·보존되어야 한다. 또한 정리 작업 중에 사료가 손상되지 않도록 배려하는 것이 절대적으로 필요하다.

  이용과 보존은 서로 모순되는 행위라고 할 수 있지만, 정리 작업에서 사료를 훼손하는 것은 그 이전의 문제이다. 작업 장소의 오염, 음식, 흡연, 부주의한 취급 등으로 인해 사료를 더럽히거나 손상시키는 일이 있어서는 안 된다. 그 때문에 정리 작업은 전용 작업실에서 하는 것이 바람직하지만 실질적으로 어려운 일이고, 실제로는 다른 업무를 수행하는 부서의 한 부분에서 행하는 경우가 많다. 이 때에도 여유 공간을 활용하여 사료를 넓게 펼칠 공간을 확보하고 청결을 유지한다. 작업 중에는 음식물의 섭취나 흡연을 금지하는 등 사료를 신중하게 다룰 수 있도록 주의하고, 물과 직사광선을 피할 수 있는 장소를 선택하는 등 기본을 지킬 필요가 있다. 보존의 기본은 원형을 더 이상 손상시키지 않고 유지하는 것이다. 시설 설비나 예산 등에 혜택이 없더라도 배려와 주의 깊은 취급을 통해 사료 보존에 대응하는 것은 동일하다. 반대로 훌륭한 보존 서고와 공기 조절 설비 등이 있음에도 불구하고 직원이 사료를 엉성하게 취급한다면 좋은 설비는 무의미하고 보존도 제대로 되지 않는다. 어떠한 시설과 조건에서라도 정리 단계에서 직원이 사료를 파괴하지 않고 원형을 지키는 것은 보존의 첫걸음이다.

사료의 정리·이용에 따른 인위적 열화를 방지하는 관점에서 사료에 사용하는 장비·용구(라벨, 보존용 봉투, 보존상자 등)도 신중하게 선택해야 한다. 장비·용구에 요구되는 특성으로는 다음의 여섯 가지를 들 수 있다.

① 안전성 : 사료에 영향을 주지 않는다.
② 가역성 : 사용한 후에 원형으로 되돌릴 수 있다.
③ 적합성 : 보존 환경·조건에 적합하다.
④ 편리성 : 사용하기 쉽다.
⑤ 내구성 : 수명이 길다.
⑥ 경제성 : 입수가 가능하고 가격이 저렴하다.

3) 단계적인 정리

사료 정리는 어느 시점에서 끝나는 것이 아니라 좀더 나은 보존이나 이용을 생각하면 한없이 계속된다고 하겠다. 예를 들면 한 점의 사료에서 수집한 정보(표제, 연호, 지질 등)도 세세하게 다루면 끝이 없다. 검색 수단도 좀더 편리함을 추구한다면 다양한 색인 사항(지명, 인명, 특정 항목 등)을 추가할 수 있다. 이렇게 하지 않더라도 목록 작성에는 상당히 많은 시간과 노력이 필요하다. 정리가 끝나기만을 기다린다면 사료 이용이 불가능한 상황이 장기간 계속되는 사태가 발생한다. 그렇다고 해서 이용에만 치중하여 좀더 편리한 검색 방법을 찾으려는 자세를 포기해서는 안 된다. 그런고로 정리는 각 기관의 실정에 따라 단계적으로 실행되어야 한다.

사료군의 정리 흐름은 몇 가지 단계를 생각할 수 있지만 크게 구분하여 다음의 4단계로 정리된다.

① 사료군의 개요 조사: 사료군 전체와 보존 용기마다 어떠한 사료가 들어 있는지에 대한 개요 파악
② 기본 정리: 봉투나 상자에 수납·배가, 일괄적으로 또는 한 점 한 점마다 카드 및 대장 작성 등
③ 기본 목록 작성: 카드 등에서 수집한 데이터에 근거한 분석, 편성, 분류
④ 좀더 세밀한 데이터 수집, 다각적인 검색 수단 작성.

이와 같은 구분은 사료 이용과 공개의 측면에서도 필요하다. ①의 단계에서는 아직 개별 사료를 이용하는 것은 불가능하다. 단, 어떠한 사료군이 수장되어 있는지에 대한 소개는 가능하다. ②의 단계에서는 검색에 시간이 걸리기는 하지만 카드나 대장을 통한 사료 이용이 가능하다. 다음으로 ③의 단계에서는 사료군의 구조 분석, 편성, 분류 등에 대한 정보가 이용자에게 제공되어 사료를 본격적으로 이용할 수 있게 된다. 문서관을 방문하지 않아도 인쇄본을 통해 각지에서 미리 사료를 검색할

수 있어 이용이 크게 늘어난다. ④의 단계는 아직 그 예가 적지만, 순차적으로 검색 수단이 증가함에 따라 이용자의 편의가 증진되고 이제까지 해명하기 어려웠던 사실에 대한 탐구도 늘어난다. 이러한 정리는 이용을 전제로 한 것이다. 그러나 오랜 시간에 걸쳐서 정리해야 할 사료도 있으므로 단계를 설정하여 이용·공개로 옮겨갈 필요가 있다.

하나의 사료군에서 ①→④ 혹은 ①→③으로 이어지는 흐름이 끝나지 않으면 다음 사료군의 정리로 이동하지 못하는 것은 아니다. 어떤 단계에서 정리 작업에 일단락을 짓고 다른 사료군을 정리할 것인지는 각 기관의 시설, 인원, 예산, 사료의 양, 수집의 집중도, 사업 계획 등 다양한 조건에 따라 판단하게 된다. ①, ②까지 작업을 마치면 일단 사료의 이용이 가능해지므로 크게 볼 때 정리가 일단락된다고 할 수 있다. 즉 ①, ②는 어떤 조건의 조직에서도 필요한 기본적인 단계이다. 이에 비해 ③은 목록 작성에 시간이 필요하고 조직 체제를 정비할 때까지 기다려야 하므로, 특정 사료군에 대해 ①, ②의 정리를 제1단계로서 우선하는 것은 조직의 조건을 고려한 중요한 판단이다. ④는 대부분의 조직에서 앞으로의 과제라고 할 수 있다. 현재는 ③단계까지 수행하는 곳이 많다. 이러한 의미에서 ③은 제2단계, ④는 제3단계 정리라고 할 수 있다. ③과 ④의 사이에도 큰 간격이 있다. 정리는 이렇게 오랜 시간이 걸리므로 그 과정을 기록해두는 것이 중요하다. 정리 과정은 목록 해설 등으로 제공되며, 이용자에게도 유익한 정보가 된다 (142쪽 참고).

2. 정리의 흐름

사료군의 정리는 크게 두 가지 성격의 작업으로 구분할 수 있다. 하나는 사료를 '물건'으로 취급하는 정리이다. 구체적으로는 오염된 부분을 제거하는 등 간단한 보수를 하거나 보존용 봉투나 상자 등에 사료를 넣고 서가에 배가하고, 식별을 위해 번호를 부여하는 등의 작업이다. 식별을 위해 번호를 부여함에 따라 사료는 역사자료로서 첫발을 내딛게 되며, 사료가 흩어지는 것을 방지할 수도 있게 된다. 이때 봉투, 상자 등 장비·용구를 이용함으로써 정리·이용에 따른 열화를 방지할 수 있다. 이것을 임시로 '물리적 정리'라고 부르기로 한다. 반면에 사료에서 얻을 수 있는 다양한 '정보'에 대한 정리가 있다. 구체적으로는 표제, 연호, 형태 등의 정보를 카드나 대장 등에 기입하고, 이것을 분석·편성하여 목록 등의 검색 수단을 만드는 작업이다. 이것을 임시로 '정보적 정리'라고 부르기로 한다. 실제로 이 두 가지 작업이 짝을 이루어 정리가 진행되는 것이지만, 각각의 정리에는 다양한 문제나 세밀한 방법이 있다. 예를 들면, 수납을 위한 봉투나 상자는 어떠한 것이 좋은지, 정보를 어떻게 취급해야 하는지, 사료 번호를 부여하는 라벨의 상태는 어떤지 등의 문제이다.

정리 방법은 자료의 종류에 따라서 달라진다. 제가문서의 경우에는 문서 자료가 중심을 이루지만 그림, 사진, 서적, 간행물 등 다양한 종류의 자료가 포함된다. 이 가운데 공통적인 정리 방법이 적용되는 부분과 독자적으로 취급할 필요가 있는 부분이 있다. 지도의 경우에는 문서와 동일한 수납 용기나 설비를 사용할 수 없다. 취급하는 데이터도 문서와는 다르다. 이러한 개별적인 문제를 일괄해서 기술하면 이해하기 어려워지므로, 여기서는 문서를 중심으로 하여 사료군 전체의 정리 흐름을 기술한다. 문서 이외의 지도, 사진 등에 대한 개별적 정리 방법과 문제는 제3절에서 다룬다.(물론 제3절에서 다루는 것 외에도 많은 종류의 사료가 있지만, 전문연의 체제나 일정 등을 고려할 때 현재 기사협 회원들이 직접적으로 다루는 사료로 한정할 수밖에 없었다). 그러면 앞에서 언급한 사료 정리의 4단계를 통해 정리의 흐름을 개관해보자.

1) 사료군의 개요 조사

사료군 정리는 사료 하나하나에 대해 정보를 수집하거나 장비에 넣는 것이 아니다. 우선 사료군 전체로 볼 때 어떠한 성격의 사료군인지, 어떠한 종류의 사료가 포함되어 있는지, 보존상태는 어떠한지 등의 개요를 조사해야 한다. 작업이 번거로워지는 것 같지만, 각 사료에서 데이터를 취할 때 전체적인 모양이나 사료의 관련성 등을 기록하고 기억해두면 결국 작업의 능률이 오르게 된다. 참고할 예비 지식이 증가하고 실수가 적어지며, 불명확한 부분도 줄어들기 때문이다. 이와 같은 예비 지식은 조사·수집 단계에서도 어느 정도 얻을 수 있지만, 안정된 사료군 전체를 전망할 수 있는 것은 역시 정리 단계에서이다. 기록을 남겼다고 해도 수집 당시의 인상, 기억 등을 헛되이 잃어버리지 않으려면 정리 작업은 수집 후 가능한 한 빨리 실시하는 것이 좋다. 소장자의 집에서 보존 용기 채로 반입한 사료를 문서관의 보존상자에 옮겨 담는 경우에도 본래 용기에서의 보존상태를 기록하는 것이 전제가 되어야 한다.

　구체적으로는 소장자의 집에서 사료를 보존했던 단위(함, 상자, 서랍 등)마다 어떠한 사료가, 어떠한 상태에 있었는지를 기록한다. 촌정에 관한 사료, 가문 경영에 관한 사료, 사적인 편지 등 사료의 종류에 따라서 다른 용기를 사용한 경우가 많다. 보존 용기를 단위로 하여 조사하면, 보존 질서도 알려진 것과 연결될 가능성이 높다. 기록 양식은 일정한 형식에 구애받지 않으며 자유롭게 표현하면 된다. 사료군에 따라서 성격이나 상태가 다르므로 정형화된 기술 양식을 적용시키기는 어렵기 때문이다.

　정리 작업에서 주의해야 할 점은 조사를 위해 사료를 뒤섞

<그림 14> 개요 조사 카드의 기입 사례

No. 1/2

소장자	0000	보존 장소	창고 2, 2층	원보존 용기	옷장 1	조사 연월일	00년 00월 00일	기록자	0000

용기 내 위치	개 요
전체	옷장 1에는 대개 근대 사료가 들어 있다. 촌장 시대의 촌정 관계 행정문서, 편지, 엽서류가 많다. 소작이나 농업 경영 등 가계 경영에 관한 사료는 몇 점이 보일 뿐이다. 또 오래된 사진, 필름이 일괄 보존되고 있다.
서랍 A	모두 쇼와 전전기(戰前期)의 사진(인화)이다. 대지에 붙인 사진이 대부분이며, 사진만 있는 것도 있다. 약 150점에 이른다. 촌의 풍경, 농경 작업 등을 찍은 사진 외에 가족 기념사진으로 생각되는 인물 사진이 많다. 보존 상태가 양호하다.
서랍 B	쇼와 전전기의 사진 앨범 6책, 기타 몇 장의 사진과 영수증 몇 매가 있다. 앨범에는 촌사무소 신축 기념, 소학교 개교 기념 외에는 서랍 A와 같은 사진을 첨부하였다. 보존 상태가 양호하다.
서랍 C	다이쇼·쇼와 전전기의 편지 약 300점이 봉투와 끈을 이용한 6개의 묶음으로 되어 있다. 일부는 불탄 흔적도 있다.
서랍 D	다이쇼·쇼와 전전기의 편지 약 100점과 엽서 약 150점이 들어 있다. 편지는 3개의 묶음으로 되어 있다. 엽서도 노끈을 이용하여 2단으로 묶어놓았다.
서랍 D → 상자10	다이쇼 시대에서 쇼와 초기의 촌정 관계사료로서 주로 세로 형태의 장부로 인쇄된 것이 많다. 예산서·결산서·의사록 등 약 50점이 있다.
서랍 E → 상자11	서랍 D에 있는 것과 같은 종류의 사료 약 50점이 있다. 보존 상태는 상자 10, 11 모두 양호하다.
(이하 생략) ⋮	

어서 원상태를 훼손하는 일이 없어야 한다는 것이다. 보존 용기의 상태를 유지하여 사료를 반입한 노력이 수포로 돌아가지 않도록 해야 한다. 전체 개요를 보기 위해 위에서부터 사료를 보고 밑으로 내릴 경우에도 반드시 원래 위치로 돌아가도록 신경을 써야 한다.

2) 기본 정리

일단 사료의 이용이 가능할 때까지의 정리는 가장 기본적인 절차이다. 기본 정리 작업에는 사료 식별과 보존 처리, 사료 번호 부여, 수납, 배가 등의 물리적 정리와 사료가 지닌 정보·데이터를 채집하는 정보적 정리가 있다. 이러한 정리 작업은 일정한 순서대로 진행되지 않는 경우가 많다. 물리적 정리와 정보적 정리를 병행하는 경우도 있다. 예를 들면, 최초에 사료군 전체를 식별하여 번호를 부여한 다음, 보존용 봉투에 수납해서 각 사료의 데이터·정보를 카드에 기록할 수 있다. 그렇지 않으면 사료 한 점 한 점마다 개별적으로 식별, 데이터·정보 채취, 수납 과정을 거치는 경우도 있을 것이다. 이것은 각 기관의 인적 조건 등과 관계가 있다. 여기에서는 주로 후자의 예를 따라서 ①사료 식별과 보존 처리, ②사료 번호 부여, ③카드 등에 데이터 기입, ④수납, ⑤배가의 순서로 기술한다.

(1) 사료 식별과 보존 처리

사료를 임시로 배가하여 전체 개요를 파악하는 정도에서 점차적으로 한 점씩 정리에 들어간다. 보존 용기에 담겨 있는 사료를 위에서부터 순서대로 빼내어 식별한다. 사료는 오염되었거나 복수의 사료가 붙어 있는 것도 많고, 언뜻 볼 때 한 점의 단위로 분류할 수 없는 것도 있다. 서로 붙어 있는 사료는 적절한 방법으로 떼어 본래의 한 점 단위로 식별할 필요가 있다. 단, 견고하게 붙어 있어 떨어지지 않는 사료는 무리하게 떼려고 하다가 오히려 파손시키는 일이 없도록 주의해야 한다. 자체적으로 처리하기에 무리가 있는 것은 서두르지 말고 나중에 위탁 처리하는 것이 좋다.

사료의 보존 처리는 솔이나 부드러운 포목, 지우개[1] 등을 이용하여 열화의 원인이 되는, 사료 표면에 붙은 먼지나 곰팡이 등을 제거하는 것이다. 이때 먼지나 곰팡이 등이 날리지 않게 주의하고, 책자 형태의 사료는 먼지가 쌓인 부분을 아래로 향하게 하여 먼지를 사료 안으로 밀어넣지 않도록 한다. 또한 고무 밴드나 클립, 스카치테이프와 같은 이물질은 가능한 한 제거한다. 그러나 사료를 손상시킬 수 있는 작업의 경우에는 무리하게 행하지 말고 해당 부분에 얇은 중성지를 넣어서 다른 사료와 접촉되지 않게 한다. 그런 후에 사료의 열화상태 등을 기록해두면 나중에 사료를 다루거나 보수 계획을

---

[1] 가루로 만들어서 스펀지에 넣어 사료가 파손되지 않게 한다.

세울 때 참고가 된다.

(2) 사료 번호 부여

사료군에 사료 번호를 부여할 경우에는 가능한 한 수집 당시의 상태를 훼손하지 말고, 원질서를 어떻게 표시할 것인지 고려해야 한다. 수년 전까지 가장 일반적이었고, 지금도 여전히 사용될 것으로 생각되는 '형태 분류 방식[수장(竪帳), 횡장(橫帳), 한 장으로 된 문서 등 형태별로 분류하는 방법]'에 따라 원사료를 나누어 번호를 붙일 때도 마찬가지이다. 원질서를 유지하면서 번호를 부여하는 방법은 사료가 놓여진 순서대로 일련번호를 붙이는 것이다.

그러나 일련번호만으로는 보존상태의 일관성을 표현할 수 없다. 그 때문에 물리적으로는 개별적으로 취급할 수 있는 사료라도 복사 합책되어 있거나 포장지에 싸여 한데 묶여 있는 경우에는 복수의 사료군을 한 점의 사료로 취급할 필요가 있다. 이 경우 각 개별 사료에는 1, 2, 3이라는 기술 번호를 부여하는 것이 좋다. 작업은 조금 번거로울지 모르지만, 사료군을 '군'으로서 받아들이는 경우에 사료 보존 형태를 좀더 알기 쉽게 나타낼 수 있다. 기술 번호를 사용하지 않는 경우에도 몇 번부터 몇 번까지는 일괄한다는 기록을 남겨, 최종적으로 이용자가 검색 수단으로 사용하는 목록 등에서 확인할 수 있게 하는 것이 필요하다.

몇 번부터 몇 번까지의 사료가 원래 소장자의 집에서 어느 장소, 어떤 용기에 보존되어 있었는지도 기록해두어야 한다. 여기에도 기술 번호를 부여하는 방법을 생각할 수 있다. 예를 들면 사료를 보존하던 건물의 창고는 A, 안채는 B라고 번호를 부여한다. 건물 안에 있는 용기에 각각 일련번호를 부여하고, 다시 용기 내의 구분(서랍, 단락 등)에도 일련번호를 부여한다. 그 구분 내에서 다시 위에서부터 한 점씩 일련번호를 부여한다. 이때 앞에서도 기술했듯이 봉투 등에 일괄된 사료는 다시 또 기술 번호를 붙인다. 이렇게 하면 최종적으로 'A-1-2-5-4'와 같은 번호가 된다. 이것은 극단적인 예이지만, 이 번호가 원래 보존상태에서 사료의 위치나 일괄 관계를 나타내게 된다.

이상과 같이 생각해보면 번호를 계속 부여하여 사료의 위치를 명확히 밝힐 필요가 있다. 또한 필름이나 대형지도 같은 사료는 보존상 별도로 배치하는 것이 좋다. 이때 원래 위치에는 사료 대신에 별도 배치장소를 표시해둔다.

번호를 물리적으로 사료에 부여할 때는 일반적으로 사료군의 이름과 번호가 들어간 라벨을 붙이거나 부전지를 끼우고, 보존용 봉투에 사료명과 번호를 기입하며, 사료와 봉투가 분리되지 않게 하는 등의 작업을 실시한다. 이 중에서 라벨은 사료와의 밀착성이 강해 다른 사료와 섞이지 않기 때문에 많은 기관에서 채택하지만, 원형 보전·사료 보존의 측면에서 우려를 나타내는 견해도 있다.

<표 2>는 라벨 첨부 여부에 대한 설문조사(권말 참고자료) 결과이다. 전체적으로 보면 라벨을 붙이지 않는 기관이 조금 더 많았다. 기관의 성격별로 보면, 지자체사 편찬기관 중에는 붙이지 않는 곳이 많고, 사료 보존이용기관 중에는 붙이는 곳이 많다. 라벨을 붙이는 것이 당연하다는 기관이 있는 반면, 라벨을 붙이는 기관 중에서도 사료 보존이나 원형 보존 측면에서는 좋지 않다고 생각하지만 사료의 정리·관리·이용 측면에서 어쩔 수 없이 붙인다는 의견이 많이 있었다. 문서관 등 일반 열람자의 이용을 전제로 하는 기관에서는 현재 문제점을 인식하면서도 사료와 밀착성이 높은 라벨을 많이 사용한다고 할 수 있다. 한편 편찬기관에서는 사료 보존과 원형 보존 측면 외에 라벨을 붙이는 이유로 관계자 이외에 사료를 열람하는 사람이 적고, 사료를 대여하는 경우가 많으며, 사료를 소장자에게 반환해야 하는 것 등을 들었다. 라벨을 붙이지 않는 기관에서는 대부분 사료가 보존용 봉투에서 분리되지 않게 하거나 열람 후에 혼동이 없도록 주의하고 있다. 라벨이 없어도 특별히 지장은 없다는 기관이 있는가 하면, 실제로 어디에 있었던 사료인지 알 수 없게 된 경우를 경험한 기관도 있었다.

  라벨의 지질(紙質), 풀, 필기용구에도 충분히 배려해야 한다는 의견이 많았다. 하지만 실제 사용 중인 라벨의 상당수는 시판되는 도서 라벨(24기관, 57%)이었다. 화지(和紙)[2], 중성지를

---

[2] 일본의 전통종이 ― 옮긴이.

<표 2> 라벨 첨부 여부에 대한 설문조사 결과(%)

	편찬기관	역사자료 보존이용기관	계
첨부	21(34)	21(60)	42(44)
첨부하지 않음	40(66)	14(40)	54(56)
계	61	35	

사용하는 곳은 24%(화지와 중성지 각 5기관)였다. 경제성·편리성의 문제도 있어 필요성은 느끼지만, 실제로 용지까지 배려하기는 어려운 것이 현실이다. 그러나 시판되는 라벨은 산성용지와 화학풀을 사용하기 때문에 사료에 나쁜 영향을 미칠 가능성이 높고, 한번 붙이면 좀처럼 벗겨지지 않으며 떼어내려면 사료가 손상되므로 가급적 사용하지 않아야 한다.

라벨을 붙일 때도 지질, 풀, 접착 위치 등을 고려하여 사료에 최소한의 영향을 미치도록 주의하고, 안전성과 가역성도 중시해야 한다. 덧붙여 풀 중에는 오래전부터 배접·보수 등에 사용된 밀기울 풀이 좋지만, 만드는 데 많은 노력이 필요하고 부패하기 쉬워서 오랫동안 보관할 수 없기 때문에 사용하는 곳은 드물었다(4개 기관). 최근에는 문서관을 중심으로 이러한 결점을 보완한, 천연 셀룰로오스로 만든 CMC(상품명 셀로겐 3H)[3]를 사용하는 곳이 늘어났다(3개 기관). 그러나 CMC는 서구에서

---

[3] 백색의 분말로 된 무색무취의 접착성 물질이다. 온·냉수에 용해되며 천연 펄프를 원료로 하여 안전성이 뛰어나다 — 옮긴이.

는 어느 정도 사용 실적이 있지만 일본의 풍토와 화지에 적합한지는 아직 실험을 거쳐야 한다는 신중한 의견도 있다.

라벨에 사료군의 이름이나 번호를 기입하는 용구도 다양하다. 설문조사에서는 볼펜, 스탬프 잉크, 넘버링 연필 등을 많이 사용하는 것으로 나왔다. 기입용구는 사료에 영향을 미치지 않고 장기간에 걸쳐 지워지지 않아야 한다. 볼펜이나 일반적인 스탬프, 넘버링 잉크는 불안정한 점이 있고, 연필도 사료 이용에 따른 마멸로 글자 판독이 불가능해질 가능성이 있다. 검정색 외에는 증권용 잉크가 안정성이 있다고 하여 국립사료관 등에서 사용하고 있지만, 이것도 화학 성분으로 인해 사료 열화에 대해 우려하는 목소리가 있다고 한다.

라벨에 대해 깊이 고민한 사례를 살펴보자. 도다(戶田) 시에서는 1974년부터 시사 편찬사업을 시작하였으며 그 시점부터 시판되는 풀로 도서 라벨을 붙였다. 그러나 사료 보존에 대한 관심이 높아지면서 라벨의 지질이나 풀이 사료에 미치는 영향을 고려하게 되었다. 1987년경부터는 사료에 붙어 있던 라벨을 떼어내고, 화지로 된 부전 형태의 라벨에 먹으로 번호를 기입하여 서류 뒷면에 붙이거나 책에 끼워 넣는 것으로 대체하였다(<그림 15>). 그러나 이미 라벨을 붙인 사료가 1,000점이 넘었고, 라벨을 떼어내는 작업에 많은 인력과 시간이 소요되었다.

시판되는 도서 라벨을 화지에 붙인 경우에는 떼어내기가 상당히 힘들다. 어렵게 라벨을 떼어내더라도 화지의 표면에 보

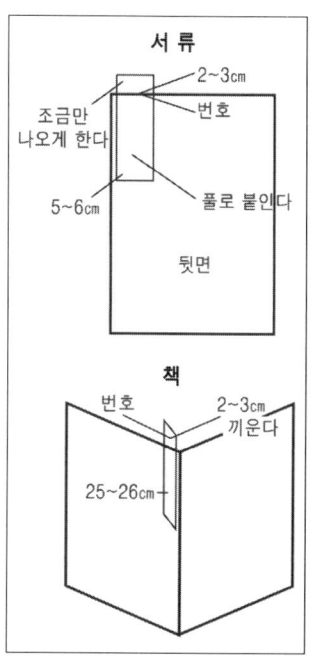

<그림 15> 도다 시의 사례

 풀이 일거나 하얗게 되어버리는 경우가 있어 사료에 미치는 영향을 고려하면 라벨을 떼어내는 것이 옳은지 고민이 된다.
 도다 시사 편찬사업은 1987년으로 종료되었고, 수집 사료는 향토박물관 문서계로 이관되어 관리되고 있다. 사료는 일반 이용에는 제공하지 않고 원칙적으로 담당자만 취급하므로, 현 단계에서 관리상의 문제는 발생하지 않는다. 최근 보존과학에 대한 인식이 깊어짐에 따라 용지, 풀, 필기구 등에 관한 연구서나 강습회가 많이 있으므로 이들 연구 성과를 배울 필요가 있다.

어느 단계에서 라벨을 첨부할 것인지도 문제가 된다. 초기 단계에서 사료의 내용을 잘 이해하지 못하고 안이하게 라벨을 첨부하거나 번호를 부여하면, 사료에 포함된 정보·데이터를 정리한 결과에 따라 라벨을 변경해야 하는 경우가 생길 수 있다. 예를 들면 이음매가 벗겨져 조각이 난 문서 중 일부를 찾게 되어 완전한 형태를 갖춘 경우 등이다. 이 단계에서는 정리자 외에는 사료에 접촉하는 일이 적기 때문에 사료와 번호가 밀착되지 않아도 혼동할 가능성은 적다. 그러므로 보존용 봉투에 임시 번호를 기입하고 항상 가까이 두거나 임시 번호를 끼워 넣는 방법 등도 가능하다. 번호를 라벨 등으로 사료에 밀착시키는 것은 정보·데이터를 수집하는 것까지 정리가 끝나고 일반 이용이 시작되기 전 단계가 바람직하다.

(3) 사료의 정보·데이터 수집

이 작업은 각 사료가 지닌 정보를 정리하는 것이다. 사료 작성 당시 사람들의 생활 모습이나 직무 내용 등을 복원하는 작업의 전제가 될 뿐만 아니라 향후 작업의 단서를 제공하는 것이기 때문에, 작업을 어떻게 진행할 것인지 신중하게 검토해야 한다. 후술하는 기본 목록 작성은 여기서 행한 작업의 결과에 좌우되는 경우가 많기 때문이다.

데이터를 수집할 때는 데이터의 종류에 따라 어떻게 달리 취급할 것인지, 어떠한 용지에 데이터를 수집할 것인지 등의 문제를 고려해야 한다. 현재 사료의 데이터를 기록하는 용지는 카드와 대장이 일반적이다. 각각 장·단점이 있지만, 가장 일반적으로 쓰이는 것은 카드이다. 카드의 배열을 바꿈으로써 다양한 분석이 가능하기 때문이다. 이미 만들어진 카드 케이스를 활용하기 위해 도서 카드와 같은 크기의 카드를 많이 이용한다. 하지만 이 경우에 카드가 너무 작아서 기재란이 충분하지 않다는 결점이 있으므로 카드의 크기도 검토해야 한다. 사료 한 점당 카드 한 매를 원칙으로 하기 때문에 수납 공간이 많이 필요하다는 단점이 있다.

이에 반해 대장은 한 페이지에 사료 여러 점의 데이터를 기록할 수 있으므로 수납 공간을 절약할 수 있다. 열람실에 비치해보면 카드 박스와 대장은 각각 필요한 공간에서 확연한 차이가 난다. 또한 간단하게 복사할 수 있고, 대장 그대로 번호순 목록, 임시 목록으로 활용할 수도 있다. 그러나 대장은 목록 작성을 목표로 하는 작업에는 사용하기 불편하다.

카드와 대장, 양자의 장단점을 보완한 것이 컴퓨터이다. 컴퓨터를 이용하면 다양한 검색이 가능해지고 검색 능력도 향상된다. 하지만 입력 카드를 먼저 작성한 다음에 다시 컴퓨터에 데이터를 입력한다면 훨씬 더 많은 노력을 투입해야 한다. 또한 앞에서 기술한 바와 같이 입력 카드가 넓은 공간을 차지하게 된다. 이러한 문제를 방지하기 위해서 카드를 사용하지 않고, 직접 사료를 보면서 정보·데이터를 입력하는 방법을 생각할 수 있다.

　이 방법은 이미 도치기 현립문서관에서 사용되고 있다. 그 과정에서 컴퓨터를 사용하는 사람만 정리 작업을 수행할 수 있어 복수 사료군의 병행 정리나 여러 명의 작업자에 의한 분업 작업이 불가능하다는 단점이 지적되었다. 예를 들어 컴퓨터가 한 대밖에 없다면 한 사람만 정리 작업에 종사할 수 있다. 또한 책상 위를 키보드가 차지하는 경우에는 사료를 충분히 펼쳐볼 수 없어서 사료의 보존이나 해독 등에 지장이 있다. 컴퓨터는 단순히 기본 데이터의 처리뿐만 아니라 폭넓고 다각적인 검색이 가능하다는 점에서 도입을 고려할 필요가 있다.

　한 점 한 점의 사료에는 헤아릴 수 없이 많은 정보가 들어 있기 때문에, 카드나 대장에는 이 중에서 필요한 최소한의 정보를 추출해서 기록해야 한다. 최소한의 기본적 정보는 ① 제목, ② 연대, ③ 차출인(작성자) 수취인, ④ 형태 분류, ⑤ 수량, ⑥ 기타(비고)의 6항목으로 범위를 한정하였다. 이를 통해 각 사료별 정보 데이터의 개략을 파악할 수 있다. 여기에서는 카드 방식의 경우를 예로 들어 기술한다.

　① 제목(부제목)
　사료를 정리하고 여기에서 얻은 정보를 카드에 기재할 때 가장 중요한 것은, 사료의 내용을 적확하게 표현한 제목이나 부제목을 부여하는 것이다. 카드 또는 카드를 토대로 해서 작성된 목록의 이용자는 제목을 통해 원하는 사료를 검색하고 열람하기 때문이다. 이것은 카드나 목록이 내부 자료에 대한 것이거나 일반 이용자의 사료 열람을 전제로 한 간행물일 경우에도 마찬가지이다.

설문조사(권말 참고자료) 결과에 따르면, 응답한 102개 기관 중 63개 기관에서 표지에 기재된 제목이나 첫번째 장의 제목을 그대로 취하거나, 그것만으로는 내용이 불명확한 경우에는 부제목을 붙이는 방법을 사용하였다. 이 방법은 카드를 취급할 때는 간편하고 효율적이다. 특히 라벨을 붙이지 않고 사료를 보존용 봉투에 넣는 등의 방법으로 정리할 경우에 개요 조사와 기본 정리 작업도 용이하고 인력도 절감할 수 있기 때문이다.

그러나 원사료의 표지나 첫번째 장에 온전한 제목이 없는 경우에는 사료의 내용을 읽고 적확한 제목을 만들어야 한다. 이 경우 단리서(端裏書)나 포서(包書)의 표제 등에 내용을 적확하게 표현한 것이 많으므로 참고하는 것이 좋다. 내용을 읽고 제목을 붙일 때는 가능한 한 사료에 있는 용어나 글자를 사용한다. '원서(願書)', '회장(廻狀)'과 같이 일반적으로 정착된 사료명과 조합하여 제목을 만들어도 좋다.

또한 한 건의 사료가 일괄된 경우에도 사료 전체의 내용을 포괄하는 제목 등을 붙인 카드가 필요하다. 어떤 경우든 원사료에 표기된 제목과 정리자가 만든 제목, 부제목을 소괄호나 중괄호로 구별해서 표현해야 한다. 사료의 형태, 내용과 관련하여 전형적인 예를 들어보겠다.

㉠ 책과 장부의 경우
표지에 「御用留」, 「畑反別書上帳」 등 표제가 기재되어 있고, 내용을 보완할 필요성이 적다. 부제를 붙인다면 「御用留」에 기록된 기간이나 「畑反別書上帳」의 토지 범위 정도가 될 것이다.
(예)「御用留(天明 4년 1월 5일~5월 10일)」
　・기간은 연대란에서 처리할 수도 있다.
「畑反別書上帳(○○ 경지분)」

㉡ 문서의 경우
「乍恐以書付奉申上候」, 「入置申一札之事」, 「覺」 등과 같이 첫 번째 장의 제목을 표제로 할 경우에는 표제만으로 사료의 내용을 이해할 수 없거나 제목이 없는 사료가 많이 있으므로, 사료의 내용을 읽고 표제나 부제를 만들 필요가 있다.
(예)「乍恐以書付奉申上候(傍示杭建替願)」
「入置申一禮之事(名主跡役ニ付)」
「覺(藥種代金請取)」
「[檢見廻村ニ付廻狀]」

② 연대
연대 기재란에는 사료의 작성 연월일을 기재한다. 사료가 장기간에 걸쳐 기재된 경우에는 작성 기간을 명기한다. 연대 기재에는 사료에 기재된 내용을 가능한 한 그대로 기입하는 방법(天保 六未年 十一月 二十七日, 延享 二年 極月 朔日)과 서력을 괄호

안에 기입하는 방법이 있다. 서력 기재는 편년순으로 사료를 열거할 때나 컴퓨터에 연대를 입력할 경우에 효과적이다.

　연대를 기재할 때 유의해야 할 경우를 다음에 몇 가지 들어 보았다. 이러한 경우에는 표제란이나 비고란 등을 이용하는 것도 좋다. 어떤 경우든 통일된 방법으로 기재해야 한다.

㉠ 복사본의 경우
　원본[正文] 작성 시의 연월일을 기재하고, 복사된 연월일이 명확하게 판명될 때는 그것도 기재한다.
㉡ 오서(奧書)[4]가 있는 경우
　본문(오서 직전)의 연월일을 기재하고, 오서한 연월일도 기재한다.
㉢ 연도가 빠진 경우
　간지, 내용 등에서 연대를 추정할 수 있는 경우에는 괄호 안에 기재한다.
　(예) (慶安 五年) 辰三月 十八日

③ **차출인(작성자)·수취인**

　개인적인 편지 외에는 사료에 차출인(작성자)이나 수취인의 견서(肩書: 직함, 혈연 관계, 처지 등)나 소속(국가명, 군명, 촌명, 관공서명 등)이 부수되는 것이 보통이다. 사람 수나 촌 수 등이

---

4) 사본(寫本)의 끝에 필자 이름, 사본을 만든 사정, 연월일 등을 기재한 것 또는 관청에서 기재 사항이 틀림없음을 증명하기 위해 쓴 글 및 증명하는 행위를 말한다 ― 옮긴이.

여럿인 경우도 많다. 이 단계에서는 사료의 정보·데이터를 가능하면 많이 기재해두고, 어느 정도의 정보는 원사료를 꺼내지 않고도 알 수 있을 정도가 되는 것이 중요하다. 또한 취급하는 사료와 관계된 당사자의 이름과 신분, 담당 공무원이나 담당 부서 등을 잘 알아둘 필요가 있다.

간행물에 수록된 목록에는 지면 관계상 '名主 ○○ 右衞門 외 2명'과 같이 기재된 경우가 많지만, 이 단계에서는 가능하면 모든 차출인과 수취인의 이름, 직함, 소속을 기입해두는 것이 좋다. 그러나 이렇게 하려면 시간이 많이 걸리므로 실정에 맞게 기본 정리 단계에서는 최소한 '○○ 외 ○명' 정도의 정보를 기재하고, 필요에 따라서 다음 단계에서 더욱 상세하게 기재하는 방법도 있다.

오서, 이서(裏書)가 있는 경우나 사료가 몇 사람의 손을 거친 경우에는 그 취지와 기재된 사람의 이름, 직함을 비고란 등에 적어둘 필요가 있다. 수취인에게는 '어역소(御役所)[5]', '○○ 씨', '○○ 귀하'와 같은 경칭이 붙지만 목록에서는 생략되는 경우가 많다. 하지만 이 단계에서는 원사료에 표기된 대로 기재하는 것이 좋다.

---

[5] '어(御)'는 일본어에서 단어 앞에 붙어 존경이나 공손한 마음을 나타내며, '역소(役所)'는 관공서를 말한다 — 옮긴이.

④ 형태 분류

형태 분류의 기본은 사료에 사용된 용지의 사용 방법을 분류하는 것이다. 용지의 형태는 반지(半紙)6)를 기본으로 한다. 반지를 가로 길이[橫長]로 본 형태를 수지(竪紙)라고 한다. 사료의 대부분은 수지를 묶고, 자르고, 접고, 철하는 등의 형태로 남아 있다. 이것들을 어떻게 부를 것인지가 문제이다.

설문조사 결과를 보면 각 기관마다 다양한 분류 방법을 사용하며, 평균적으로 사료의 형태를 6~7종류로 분류한다. 서류, 책, 장부(종, 횡), 철 외에 특수한 분류가 많다. 대분류는 이 정도로도 충분하다고 생각되지만, 가능하면 사료의 특징을 좀 더 잘 알 수 있는 표현을 쓰는 것이 좋다. 예를 들어 서류의 경우에는 수지를 그대로 사용했는지, 몇 매가 묶여 있는지 등을 알 수 있도록 기재한다. 책이나 장부는 편철 방법이나 크기를 표현하는 것이 좋다.

대부분의 기관에서 근세와 근대 이후에 대해 같은 형태 분류를 사용한다. 하지만 근대 이후의 다양한 사료를 다루기에는 부적합한 측면이 있다. 결론적으로 근세의 사료와 근대 이후의 사료는 별도의 형태 분류를 적용할 필요가 있다. 근대에 들어서도 오랫동안 근세의 문서 형태를 답습하는 경우가 많았다. 이러한 문서들은 같은 분류명을 사용해도 되지만, 명확하

---

6) 붓글씨를 연습하는 데 쓰이는 일본식 종이의 한 가지로, 크기는 가로 35cm, 세로 25cm 정도이다 — 옮긴이.

게 근대 이후에만 등장하는 용지(괘지, 편지지, 엽서, B5, B4 등)나 인쇄(등사판, 활판, 카본 복사, 카피 등)의 경우에는 표현을 바꿀 필요가 있다. 또한 날짜, 성명, 금액, 지번(地番) 등만 적어서 제한된 목적으로 사용하기 위해서 인쇄된 것(영수증, 상장, 지권 등)도 연구해서 형태명을 부여하는 것이 좋다. 다음의 사례를 소개한다.

㉠ 시즈오카(靜岡) 현 누마츠(沼津) 시 메이지 사료관

이 곳에서는 필기구, 인쇄 방법, 지질, 상태 등을 다음과 같이 나타내고, 이것과 상(狀), 책(冊), 수(竪) 등 이른바 형태를 조합해서 사료를 표현하였다.

狀 : 1매씩의 근세 문서
橫 : 횡장의 근세 문서
木 : 목판 인쇄
ㄱ : 곤약판의 것
タ : 타이프로 친 것
ペ : 펜으로 쓰여진 것
鉛 : 연필로 쓴 것
葉 : 엽서
冊 : 제본된 책자
袋 : 자루에 넣어둔 일괄 자료
封 : 봉투에 넣어 둔 것
罫 : 괘지로 만든 것

竪 : 竪帳의 근세 문서
包 : 包紙에 기입된 것
複 : 카본 카피의 것
活 : 활자 인쇄
靑 : 청사진
謄 : 등사기 인쇄
色 : 착색된 것
ノ : 기성 노트
綴 : 지승으로 철한 것
束 : 묶여진 일괄 문서
卷 : 수지 등의 긴 권지

(예) 毛竪, 勝綴, ペ罫狀, 活束

ⓛ 삿테(幸手) 시사 편찬실
  이 곳에서는 근세의 사료와 근대 이후의 사료를 별도로 형태 분류하였다. 근세 사료의 형태를 따르는 근대 사료에 대해서는 근세 사료와 같은 형태명을 사용하였다.

[근세]
竪: 반지(半紙) 큰 것
美竪: 미농(美濃) 판지 큰 것
竪繼: 두 매 이상 이어진 것
半: 반지를 세로로 잘라서 편철한 것
橫長半: 반지를 가로로 잘라서 편철한 것
竪切: 반지를 세로로 자른 것
橫切: 반지를 가로로 자른 것
切繼: 자른 종이가 두 매 이상 이어진 것

[근대]
全罫紙: B4 정도 크기의 종이에 괘선이 그려진 것
半罫紙: B5 정도 크기의 종이에 괘선이 그려진 것
罫紙綴: 괘지를 종이 노끈으로 철한 것
專用紙: 특정 목적을 위해 인쇄된 것
便箋: 편지지를 사용한 것
官製葉書: 관제엽서를 사용한 것
小冊子: 작은 판의 책자
B4, B5: B4, B5등의 용지를 사용한 것

⑤ 수량

　수량 표기는 사료 정리 방법에 따라서 달라진다. 주로 사료를 인수하는 방식과 사료 번호를 부여하는 방식에 좌우된다. 한 건의 사료가 일괄된 경우, 번호를 하나만 부여한다면 당연히 수량 표기를 빠뜨려서는 안 된다. 그러나 사료 한 점마다 일련번호를 부여하여 처리할 경우에는 부모 카드(일괄 사료 전체의 내용을 기입한 것) 이외에는 필요하지 않다.

　예를 들면 음식 대금의 영수증이 3매씩 묶여 있는 경우에 '음식 대금 영수증' 3매로 할 것인지, 내용을 상세하게 살펴보고 '점심 대금 영수증', '술값 영수증', '안주값 영수증' 등으로 구분할 것인지 결정해야 한다. 근대에는 일례로 토지 매매 관계 문서 중에 '토지 매도증'이나 '등기 신청서' 등과 함께 '부동산의 표시' 같은 서류도 포함되어 있으므로, 일괄해서 '토지 매매 증서'로 정리하게 되면 그 구성을 알 수 없다. 사료의 내용을 적확하게 표현하고 사료적 가치를 높이기 위해서는 이와 같은 경우에도 사료 한 점마다 카드를 만드는 것이 좋다.

⑥ 비고란

　비고란에는 일정한 항목 안에서 표현할 수 없었던 여러 가지 정보나 이후의 처리 상황 등을 기입한다. 설문조사 결과에서 일부 예를 들어보자.

<그림 16> 사료 카드의 기입 사례

표제	差上申一札之事 (御應, 仕込ニ付, 材々守ル固條請狀)	번호	15
연대	文政 5午年 正月 10日　　(1822)	소속	關口保眞
작성자	下總國 葛飾郡 庄內領材々	분류	A
수신자명	佐藤忠右衛門 手附 '狩野牧藏'		触書, 請書
형태	(縱)·橫長·橫半·綴·狀 조사 연월일	1990. 4. 20.	
비고			

(杉戶 정사 편찬실의 양식에 따름)

소장자	古谷文明	문서번호	30
연대	文政 六年 未三月 二十二日　　(西曆 1823年)		
표제 (보제)	乍恐以書付 奉願上候 (杉戶宿代助鄕免除 ニ付)		
차출인 (작성자)	柑本兵五朗リ所		
수취인	輸所出役 神根三喜助 木村忠藏		
형태	冊(縱·橫·橫半·綴　　) 狀(　　)		
비고	鷲菓村より差し出された免除願 下書		
조사 연월일	平成 4年 3月 5日		
복사	마이크로필름	濟 35mm	필사 필요

(宮代 정사 편찬실의 양식에 따름)

- 사료 상태[충손(蟲損), 결손(缺損)], 보수의 필요성 유무
- 관계 사료 번호
- 분류·분류 번호
- 오서·이서·경유자 이름 등
- 사료 재질(종이, 헝겊 등)
- 원본·사본·메모·초고(초안) 등의 구별
- 마이크로필름·사진·복사·필사의 완료 및 미완료
- 보존장소(특수 형태 사료에 대한 별도의 보관장소 등)

물론 이러한 항목도 기입할 내용이 많으면 전용란을 두는 것이 좋다.

(4) 수납

데이터 추출을 마친 사료는 보존용 봉투, 철, 보존상자 등에 수납된다. 수납 시 배열은 사료에 붙여진 번호순으로 하는 것이 기본이지만, 소장자의 집에서 사용하던 것과는 다른 형태의 수납 용기를 사용하므로 종래 수납 용기와의 대응 관계를 기록해둘 필요가 있다. 최근에는 사료를 1점씩 보존용 봉투에 넣는 것이 일반적이지만 문서 이외의 사료, 특수한 형태·재질로 된 사료 등은 별도의 수납 용기나 장소가 필요한 경우도 많다.

수납 용기의 역할로는 ① 정리, ② 방진(防塵)·방열화(防劣化), ③ 방찰(防擦)·오손(汚損) 방지의 3가지를 들 수 있다. 수납 용기의 획일적 이용은 피해야 한다. 무리하게 수납하다가 도리

어 사료를 손상시킨다면 보존의 의미가 없어지기 때문이다. 어떤 장비도 사용하지 않는 것이 가장 좋은 보존 방법일 수도 있다. 다음에서 더 구체적인 내용을 살펴보겠다.

① 보존용 봉투

설문조사(권말 참고자료) 결과에 따르면 보존용 봉투를 사용하는 기관은 88개에 달한다. 최근 산성지의 열화 문제가 주목받고 있는데, 산성지로 만든 봉투에 사료를 넣을 경우에 산성화로 인해 봉투뿐만 아니라 사료 자체에도 악영향을 미치는 것으로 알려졌다. 그 때문에 산성지 봉투를 중성지 봉투로 교체하는 곳이 늘어났다. 각 기관에서 사용하는 보존용 봉투의 재질에 대한 설문조사 결과는 <표 3>과 같다.

<표 3>을 보면 중성지 봉투를 사용하는 편찬기관은 아직 소수에 불과하다. 현내 역사자료 보존이용기관에서도 산성지 문제에 충분히 대응하고 있다고 말하기는 어렵다. 그러나 중성지 봉투를 사용해야 한다는 의견이 많이 있어 중성지 사용에 대한 인식이 확산되었음을 알 수 있다. 재정적인 문제 등도 있기 때문에 한꺼번에 중성지 봉투로 교체하기는 상당히 어려우므로 조급하게 취급해서는 안 되는 문제이다.

사료의 출납을 위해 봉투의 크기를 어느 정도 맞추는 것이 좋다는 의견이 많았다. 그러나 큰 봉투에 작은 사료를 넣어서 사료가 봉투 안에서 움직이거나 작은 봉투에 큰 사료를 무리

<표 3> 보존용 봉투의 재질에 대한 설문조사 결과(%)

	편찬기관	역사자료 보존이용기관			계
		현외	현내	계	
산성지	28(52)	7(28)	5(56)	12(35)	40(45)
중성지	9(17)	15(60)	4(44)	19(56)	28(32)
모두	1(2)	1(4)	0(0)	1(3)	2(2)
불명	16(30)	2(8)	0(0)	2(6)	18(20)
계	54	25	9	34	88

하게 넣는 것은 사료에 손상을 줄 수 있으므로, 기본적으로 크기가 다른 여러 종류의 봉투를 준비하여 사료의 크기에 맞춰 작업하는 것이 좋다. 또한 중성지를 가지고 직접 책갑(冊匣)[7]이나 상자, 커버 등을 만드는 방법도 있다.[8]

사료는 반드시 손으로 모서리를 똑바로 잡아서 봉투에 넣는 등 취급에 세심한 주의를 기울여야 한다. 사료는 봉투 속 깊숙이 넣고 한쪽 측면에 정확히 안정시킨다. 봉투를 특별히 주문할 경우에는 봉투의 접착 부분을 시판용 봉투와 같이 중앙에 맞추는 것이 아니라 어느 쪽이든 한쪽 측면으로 맞춰 사료가 그 부분에 접촉되지 않게 수납해야 한다. 접착제의 성분이 불분명한 경우가 많아 사료에 어떤 영향을 미칠지 모르기 때문이다.

---

7) 책이 상하지 않도록 싸는 포장 — 옮긴이.
8) 相澤元子, 『保存手當ての手引き-文書館資料のために』, CAT, 1990.
   相澤元子·木部徹·佐藤祐一, 『容器に入れる — 紙資料のための保存技術』, 日本圖書館協會, 1991.

<그림 17> 사료 보존용 봉투에 사료를 넣는 방법의 예

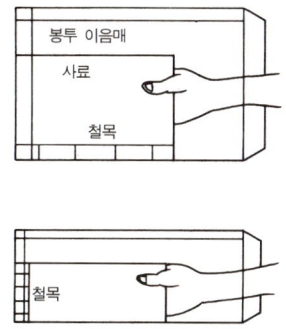

봉투에는 사료 정리에 필요한 정보가 기재된다. 설문조사에서는 봉투에도 카드와 같은 내용을 기재한다는 응답이 대부분이었다. 라벨을 첨부하는 경우에는 사료 번호 등 최소한의 내용만 기재하면 된다. 하지만 사료를 차용한 경우에는 소장자에게 반환한 후라도 봉투를 보면 사료의 내용을 알 수 있도록 제목 등을 기재해야 한다. 또한 사료의 오손 등 열화 상태도 기재해두면 나중에 사료를 취급할 때 참고가 된다.

㉠ 이루마(入間) 시사 편찬실의 사례

이루마 시에서는 시판되는 공예품 봉투를 사용하던 것을 점차 중성지 봉투로 교체하고 있다. 현재 사용하는 중성지 봉투는 각3(角三), 장2(長二) 두 종류이다. 그 밖에 79cm×109cm 사이즈의 중성지(복사용지보다 조금 두꺼운 정도)를 사료에 맞춰서

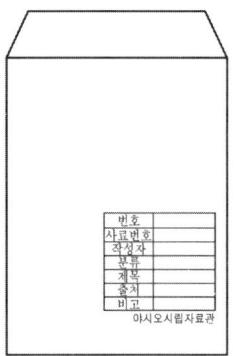

<그림 18> 야시오 시의 보존용 봉투(각2)

자르거나 접어서 사용한다. 이전의 수공예품 봉투에는 표제 등 사료에 대한 정보를 기재하였지만, 현재는 교체를 위해 중성지 봉투나 용지에 연필로 소장자, 사료번호만을 기입한다.

ⓒ 야시오 시립자료관의 사례

야시오 시에서는 시사 편찬실이 자료관 개설 준비실로 바뀐 1988년부터 기존의 시판용 공예품 봉투를 중성지 봉투로 교체해왔다. 봉투에는 특별히 주문하여 각2(角二) 마치(マチ)[9]를 붙인 것, 마치가 없는 것, 장1(長一)의 세 종류가 있다. 각2 마치를 붙인 봉투는 봉투의 덮개 부분을 크게 해서 방진 효과를 높였다고 한다. 또한 봉투의 이음매는 중앙이 아닌 우측 끝으

---

[9] 원래는 의복 등에 너비가 모자라서 덧붙이는 천을 의미하는 것으로 여기서는 특정 부위에 덧대어 붙인 종이봉투를 말한다― 옮긴이.

로 하고, 사료는 가능한 한 좌측 끝에 붙여서 수납하여 접착제 등의 영향을 가능한 한 받지 않게 하였다.

② 보존상자

보존상자를 고려할 때는 다음 세 가지 사항이 균형을 이루는 것이 문제이다.

- 배가 공간 : 작고, 균형이 잡혀야 한다.
- 검색의 편리성 : 목록과 대응하고, 출납이 편리해야 한다.
- 보존

수납·배가도 원질서를 기초로 하는 것이 나중에 원질서를 복원하기가 쉽다. 일반적으로 같은 기관 내에서는 규격이 다른 보존용 봉투 대신에 동일한 규격의 보존상자가 사용된다. 이것은 서가 등을 효율적으로 사용할 수 있다는 장점을 지닌다.

그러나 원질서를 기초로 사료를 나열하면 보존상자 안에 들어가는 사료의 양이 일정하기 않기 때문에 사료가 어긋나거나 크기가 다른 사료 사이에 끼어 손상될 우려가 있다. 또한 부피가 큰 사료나 보존 상태가 좋지 않은 사료 중에는 별도로 두는 편이 좋은 것도 있다.

수납·배가 공간이나 설비에 문제가 있을 때는 원질서만을 고집해서는 안 된다. 원질서의 복원을 가능하게 하는 기록을 남기거나 대본판(代本板) 등 대체물품을 두는 등의 조치를 취하고

<표 4> 보존상자 내의 사료 수납 상태

수납 상태	눕혀둔다	세워둔다	양쪽 모두	기타
기관 수(%)	35(44%)	30(38%)	12(15%)	2(3%)

사료는 별도로 수납·배가하여 보존성을 높일 필요가 있다.

사료를 보존상자 안에 어떻게 수납하는지에 대한 설문조사에서는 <표 4>와 같은 결과가 나왔다. 사료를 눕혀서 넣는 방법은 안정성은 있지만, 속이 깊은 상자의 경우에는 아래에 놓인 사료에 상당한 압력이 주어지고 중간에 있는 사료를 볼 수 없기 때문에 검색과 보존 측면에서 좋지 않다.

마분지 상자 등 흡습성이 높은 산성지 상자에 사료를 넣었을 때의 영향도 고려해야 한다. 차 상자 등 나무 상자나 목제 서랍을 이용하는 기관도 있지만 운반, 배가 공간, 경제성을 고려할 때 대부분의 기관에서 이용하기는 어렵다. 중성지로 된 마분지 상자는 기술적·경제적으로 아직 실용 단계에는 이르지 못하였다. 현 단계에서는 사료를 눕혀서 넣을 수 있을 정도로 그다지 높지 않으면서 어느 정도 두께가 있는 중성지로 된 보존상자가 가장 좋다. 마분지 상자 내부에 중성지를 붙여서 마분지가 직접 사료에 접촉되지 않게 하는 방법도 효과가 있다.

㉠ 야시오 시립자료관의 사례

야시오 시립자료관에서 사용하는 중성지 보존상자는 크기는 가로 46.3cm, 세로 36.5cm, 높이 4cm이며 덮개가 있다. 또한 조립식이기 때문에 접착제가 사용되지 않았다. 이는 접착제가 사료에 미치는 영향을 고려하였기 때문이다. 상자의 높이가 높지 않기 때문에 수납할 수 있는 사료의 양은 많아야 십여 점 정도로 적다. 그러므로 하나의 사료군을 수납하는 데 필요한 상자 수가 상당히 많다는 단점이 있다. 반면에 상자 내에 수납할 수 있는 사료의 수량이 적기 때문에 사료를 눕혀서 넣어도 검색 시 많은 시간이 걸리지 않고, 필요 없는 사료에 접촉하는 일도 줄어들어 사료 보존에는 좋다.

ⓒ 지바 현 문서관의 사례

지바 현 문서관에서는 전체적으로는 삼층 구조로 된 마분지로 되어 있고, 사료가 접촉하는 부분(라이너)만 중성지로 만든 보존상자를 별도로 주문해서 사용한다. 상자의 크기는 가로 41㎝, 세로 24㎝, 높이 30㎝이다. 라이너는 수입품으로, 중성지로 만들었다고 하지만 초크 펜으로 확인해보면 약간 산성을 띤다. 현재 시판 중인 중성 마분지 상자는 기술적으로 문제가 있어서 앞으로 개량이 필요하다.

(5) **배가**

사료의 배가에는 서가에 직접(또는 보존용 봉투 등에 넣어서) 세워거나 눕혀두는 경우(<그림 19-1>, <그림 19-2>)와 보존상자 안에 세우거나 눕혀서 수납한 후에 배가하는 경우가 있다. 각각의 배가 방법에는 <표 5>와 같은 장·단점이 있다.

 사료를 보존용 봉투 등에 넣으면 부피가 증가하여 원래의 용기에 사료가 들어가지 않는 경우가 있다. 그렇기 때문에 배가에 필요한 보존상자의 수나 공간은 배가 전보다 늘어날 것으로 예상된다. 따라서 사료군 보존에 필요한 공간이 확정되

<그림 19-1> 서가에 직접 배가하는 사례(세워두기)

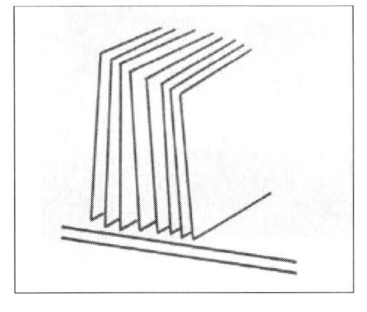 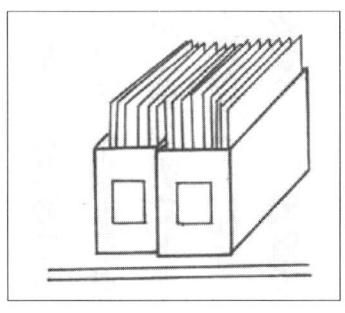

(봉투 등에 넣어서 직접 배가)　　(파일 상자 등을 이용하여 배가)

<그림 19-2> 서가에 직접 배가하는 사례(서가에 눕히기)

<표 5> 각 배가 방법의 장·단점

	장점	단점
서가에 세워두기	· 검색·출납이 편리하다(다른 사료의 무게가 더해지지 않는다).	· 불안정하고 사료가 구부러지기 쉽다 · 사료가 서가에서 떨어지거나, 혼동하기 쉽다.
서가에 눕혀두기	· 안정성이 높다.	· 다른 사료의 무게가 더해져서 아래에 놓인 사료는 항상 하중을 받게 된다(크기가 다른 사료의 경우에는 접히고 구부러지기 쉽다). · 아래에 있는 사료를 집을 때 필요 없는 윗부분의 사료에 접촉하게 되어 열화의 위험이 있다(검색·출납이 불편하다).
보존상자로 배가	· 해충 방제 효과가 높다(사료군이 뒤섞이지 않는다).	· 상자의 규격이 일정하므로 사료가 너무 많이 들어가거나 빈 공간이 생기기 쉽다(1점씩 출납하기가 불편하다).

상자 안에 세워두기, 눕혀두기의 장단점은 서가에 세워두기, 눕혀두기의 경우와 동일하게 나타난다.

    는 시점은 모든 사료의 기본 데이터를 취하고 사료를 보존용 봉투나 보존상자 등에 수납한 이후가 된다. 그런 다음에 장기적으로 사료를 보존할 보존서고의 위치를 정하고, 일시 보관고 혹은 임시 보관장소에서 사료를 이관하게 된다.

    배가 방법은 각 배가 방법의 장·단점, 기관의 보존 공간, 사료군의 특징 등을 고려하여 결정해야 한다. 수장 사료를 배가하는 방법을 반드시 통일할 필요는 없다. 해당 사료군의 특징에 따라 보존에 가장 적합한 배가 방법을 선택해야 한다. 또한 특수한 형태나 재질의 사료는 사료군과 별도로 배가할 필

<그림 20> 보존상자를 배가한 예(사이타마 현 문서관)

요가 있다. 그 때문에 통일된 규격의 서가 외에 비교적 자유롭게 물건을 올려놓을 수 있는 박물관식의 수장 서가나 장롱, 지도 케이스 등의 보존 공간이 필요하다.

3) 기본 목록 작성

(1) **작성 의의**

정리의 두번째 단계는 카드, 대장 등에 기재한 기본 데이터를 더 많은 사람들이 좀더 편리하게 이용할 수 있도록 기본 목록을 작성하는 것이다.

기본 목록은 효과적인 검색 수단일 뿐만 아니라 사료군의 내용과 구조, 전래부터 수집·정리까지의 경과 등을 소개·보고하는 역할도 수행한다. 해설, 범례, 목록 등의 구성에 따라 수집 및 정리 과정에서 알게 된 정보를 모든 이용자에게 제공하는 것이다. 기본 목록 없이 사료 한 점씩의 데이터만을 나열한 것으로는 사료를 유용하게 활용할 수 없다. 또한 기본 목록을 인사말과 함께 소장자에게 전달함으로써 소장자와의 관계를 좀더 부드럽게 바꿀 수도 있다. 즉, 기본 목록 작성은 다양한 파급 효과를 초래한다.

 기본 목록이라고는 해도 하나의 사료군에 대해 복수의 목록을 작성하기는 현실적으로 어렵다. 기본 목록은 상당히 오랜 기간, 일반 이용자에게 유일한 검색 수단이 되는 경우가 많다. 그러므로 기본 목록을 어떤 형태로 작성할 것인가는 중요한 문제이다. 목록의 형태는 목록에 포함할 내용을 고려하여 결정해야 한다. 다음에는 기본 목록의 작성 순서에 따라서 구체적인 사례를 들고 주의해야 할 사항 등을 기술하겠다.

 목록을 인쇄·간행·반포할 것인지의 여부는 각 기관의 사정에 따라 달라진다. 손으로 써서 작성한 목록이라고 해도 사무상의 내부 자료로서, 또는 소장자에게 환원하는 수단으로서 가치가 크다. 목록을 일반 이용자에게 제공하거나 인쇄·간행하여 반포하는 경우, 기본적으로 목록을 보면 사료를 열람·이용할 수 있도록 체제를 정리해둘 필요가 있다.

 시정촌사 편찬 도중에는 사료의 열람에까지 손길을 뻗치기가 어렵겠지만, 목록이 바람직한 형태에 조금이라도 가까워지도록 배려해야 한다. 원사료가 소장자의 집에서 보존되는 경우에도 이용자의 편의를 도모하고 소장자에게 폐를 끼치지 않도록 이용 및 열람에 관한 체제를 차차 정비해야 할 것이다. 목록 작성·인쇄·간행·반포 등 일련의 작업은 사료 정리의 결과인 동시에 사료 이용과 활용의 전제가 된다.

(2) 사료군의 구조

에도 시대에 촌의 명주를 지냈고, 촌이 속한 다양한 조합의 총대 등을 역임하였으며 근대 이후에도 촌의 호장 등 요직에 있었던 가문의 경우, 종종 수천 점 규모의 사료군이 남아 있을 때가 있다. 그러나 사료군 전체가 동일한 수준의 사료―명주로서 작성·접수한, 현대의 공문서에 해당하는 촌의 사료만이거나, 조합의 총대로서 작성한 조합의 사료만이거나, 또는 가문의 사적인 사료만이거나―만으로 구성된 경우는 거의 없고, 여러 가지 사료들이 섞여 있는 것이 일반적이다.

요컨대 사료군의 모체는 하나의 가문일지라도 개개의 사료는 다양한 조직이나 기구의 활동 가운데 생산되어 전래된 것이다. 따라서 기본 목록을 작성할 때는 사료군을 단순히 한 '가문'의 문서로서 수평적으로 파악할 것이 아니라, 다양한 수준의 사료에 의해 중층적으로 구성된 것임을 항상 염두에 두어야 한다. 중층적으로 구성된 사료군의 구조를 파악하는 것이 첫번째 작업 내용이 된다.

종래에는 사료군의 구조는 거의 고려하지 않았다. 그 때문에 기본 목록 작성의 핵심이라고 할 수 있는, 중요한 사료 분류·편성 작업을 "이 사료는 '토지', 다음 사료는 '촌정', 그 다음은……" 식으로, 마치 우편번호가 적힌 편지를 빠르게 분류하는 기계와 같이 안이하게 수행해온 경향이 있다.

역으로 사료군의 구조 가운데 개개의 사료를 위치시켰을 때, 그것이 촌의 공문서로서 '토지' 관계 사료인지 혹은 소작을 준 토지를 기록한 것과 같이 사적인 가계 경영과 관련된 '토지' 관계 사료인지 확인하는 것이 중요한 의미를 지닌다는 사실을 깨달았다. 즉, 사료군의 구조에서 개별 사료의 위치를 정함으로써 사료의 의미 내용(주제)에 대한 정보는 물론, 사료 '군'으로서 사료가 어떻게 존재하는지에 대한 정보도 입수할 수 있는 것이다.

처음에 언급했던 사례의 경우, 하나의 '가문' 사료군이 최소한 촌정 사료, 조합 사료, 근대 촌정 사료, 본래 다른 조직·기구에서 생산된 가문 사료 등 4개 수준의 사료군으로 구성된 것이다. 사료군의 구조를 파악하기 위해서는 조사·수집 단계에서 사료군의 원질서를 존중하고 유지하는 것, 가문의 계보, 개인의 이력·경력 등을 가능한 한 분명하게 밝히는 것이 필요하다. 이러한 정보와 카드 등에 기재된 개별 사료의 정보를 통해 사료군의 구조를 복원하게 된다. 목록은 사료군의 구조를 반영하고 전할 수 있도록 구성할 필요가 있다. 다음에서는 이에 관해 기술하려고 한다.

(3) 해제

도서 목록과는 달리 사료군의 기본 목록은 한 권 한 권마다 고유한 구조가 있기 때문에, 이용자는 우선 사료군의 특징이 무엇이고 어떠한 방법으로 정리되어왔는지 알 필요가 있다. 사료군의 조사·정리 담당자 또는 기본 목록 작성 담당자는 사료에 기재된 자면(字面)[10]만으로는 이용자에게 전할 수 없는 이러한 정보를 해제를 통해 제공할 의무가 있다. 일례로 내부 직원만 알 수 있는 정리상의 실수라도 사료군의 구조에 관한 정보는 가능한 한 정직하게 기재하는 편이, 결과적으로는 이용자의 편의를 도모하게 될 것이다. 해제의 내용은 주로 다음의 3가지로 구성된다.

① 사료군의 성립 과정 및 전래 경위

사료군이 특정 가문에 남아 있는 것은 결코 우연이 아니고, 반드시 어떤 이유가 있다. 사료군의 발견에서부터 기본 목록 작성까지의 사이에 조사한 내용—특히 소장자의 집에서 문서관이나 박물관(모두 사료 보존이용기관) 등으로 이미 사료 관리가 이전된 경우에는 그동안의 경위나 사료 정리 횟수(사료군을 보수한 횟수) 등—을 가능한 한 상세하게 기록하는 것이 필요하다.

---

10) 문자 배열의 시각적인 느낌 — 옮긴이.

② 소장자 가문의 개요

사료 소장자 가문이 농업에 종사했는지, 상업에 종사했는지, 촌에서 어떤 직책으로 근무했는지, 인근 촌과의 관계에서 어떠한 위치에 있었는지(조합에서의 담당 직무 등) 등에 따라 사료가

<그림 21> 『橫芝町 北淸水伊藤家 文書 目錄』해제
(같은 목록의 목차에서 인용)

---

1. 문서 입수에서 목록 작성까지의 경위 3
2. 北淸水地區에 관해서 3
   (1) 위치 및 지리
   (2) 에도 시대에 석호·지배의 변천
   (3) 메이지 시대 이후 관할의 변천
   (4) 신사 및 사원
   (5) 야마다케(山武) 군 동부연합 경지정리조합
3. 伊藤家에 대하여 9
   (1) 가계/ (2) 역직(役職)/ (3) 가업/ (4) 토지 소유 상황/
   (5) 사사(寺社)와의 관계
4. 伊藤家 문서의 보존 상황과 특색 12
   (1) 보존상황/ (2) 특색
5. 항목별 문서 해설 14
   (1) 토지 문서/ (2) 차용금 문서/ (3) 제 증명/
   (4) 원서(願書)·신청서/ (5) 서간·통지/ (6) 지권(地券)/
   (7) 장부·대장/ (8) 사본 등 책자/
   (9) 간본(刊本)/ (10) 연공(年貢)·제 역전(役錢) 청취장(請取狀)/
   (11) 제 세납 통지서·영수서/ (12) 소작료 영수증/
   (13) 차용금 반환증/ (14) 간장[醬油] 관계 전표/
   (15) 조합비 영수증·통지/ (16) 제 수령증/ (17) 제 기사·기록/
   (18) 노끈, 포장지 등/ (19) 호부(護符)/ (20) 물품
6. 관련 문서군 20

남아 있는 방식과 구조는 크게 달라진다. 소장 가문의 경영 규모나 대대로 전해지는 전승 내용 등을 기록해둠으로써 이용자가 사료의 내용을 이해하는 데 도움을 받는 경우도 많다.

③ 사료군의 항목 편성과 내용의 특색

항목 배열(후술)을 통해 사료군의 전체 구성을 해설하고 사료군의 개요와 구조를 이해하는 것이 가능하다. 또한 사료군 가운데 특별히 기술해야 할 사료, 참고할 다른 가문의 사료군, 참고문헌 등을 기록함으로써 이용자의 편의를 도모할 필요가 있다. <그림 21>은 이와 같은 내용을 포함한 해제의 예로 지바 현 문서관 수장문서 목록 제3집(『橫芝町 北淸水伊藤家 文書目錄』)의 해제이다.

(4) **목록의 구성**

시정촌 지역 내 제가 문서 전체를 대상으로 할 때, 수 점(한 점의 경우에도 구조가 있다)에서 400~500점 규모의 사료군이 많이 있다. 이러한 경우에 항목(주제)으로 분류·편성된 목록은 오히려 복잡해져서 검색이나 구조 파악에 이용하기 어려워진다는 점을 고려해야 한다. 오히려 분류·편성을 하지 않고 편년순으로 사료를 배열하면 검색에 충분히 활용할 수 있는 목록을 작성할 수 있다.

편년순 목록은 사료군이 만들어진 시간적 순서를 재현하는

<그림 22> 주제란을 둔 편년순 목록의 예

번호	연월일	표제	발송인	수취인	형태	주제
68	文政 6.3	乍恐以口上書御訴訟申上候事(名主跡役ニ付)	名主 五兵衛	小峰彦兵衛	狀	村役人, 村方騷動
50	文政 7.11	未御年貢米押切帳	上野村		橫長	年貢
130	文政 8.2	質流地証文事	流地主恕吉 外 2명	上野村孫六	狀	質地

것뿐이지만, 이것 역시 하나의 질서를 표현한다. 또한 분류·편성이라는 어려운 작업에 필요한 시간과 노력을 절약하여 다른 작업에 투입할 수 있다는 현실적인 장점도 있다. 이 경우 사료의 주제나 구조를 통한 검색이 가능하도록 <그림 22>와 같이 주제 등을 기록하는 난을 둠으로써 검색의 편리를 추구하는 방법도 생각할 수 있다. 또한 촌이나 가문과 같이 기본적인 사료 형성 주체에 따라서 사료군을 크게 구분한 뒤에 다시 편년순으로 사료를 배열하는 방법도 있다.

사료 건수가 많아지면 항목을 설정해서 배열하는 것이 이용하기에 편리하고 바람직하다. 분류·편성 항목의 설정에는 두 가지 방법을 생각할 수 있다. 하나는 사료군이 남아 있는 형태에 따라 원질서와 사료군의 구조를 표현하도록 설정하는 방법(<그림 23> 참고)이고, 다른 하나는 주제별로 설정하는 방법(<그림 24> 참고)이다.

예를 들면 전자의 경우에는 [(대항목) 촌, (중항목) 토지, (소항목) 검지(檢地)], [(대항목) 가문, (중항목) 토지, (소항목) 소작지]와 같이 될 것이고, 후자의 경우에는 [(대항목) 토지, (중항목) 촌정 관계, (소항목) 검지], [(대항목) 토지, (중항목) 가정 관계, (소항목) 소작지]와 같이 될 것이다.

전자의 방법은 주제를 가지고 검색하려고 하는 사람에게는 다소 불편하겠지만, 본래 사료군의 구조·형태를 재현한 것으로서 바람직하다. 그러나 서부(書付)와 같이 가문의 사료인지 촌의 사료인지 판단하기 어려운 것도 많기 때문에 상당한 능력을 필요로 하는 방법이다. 대항목에 촌, 조합, 가문 등과 병렬해서 '불명(不明)'을 설정하는 용기도 필요하지 않을까?

예를 들면 지바 현 문서관 수장문서 목록 제4집 『제가문서 목록 1』 가운데 오카다(岡田) 가 문서 목록에는 "문서군은 사회와의 관계 속에서 집적된 문서군, 직업 경영에서 집적된 문서군, 생활과 관련해서 집적된 문서군의 3개로 분류"하고 "어디에 포함되는지가 명확하지 않은 문서를 관련 불명"으로 하여 4개의 대항목을 두었다.

이에 반해 후자의 방법은 어떤 주제를 가지고 역사 연구를 하는 경우에 편리하고, 종래의 많은 목록이 이 방법을 따르고 있다. 그러나 이는 본래 사료군의 구조를 무시하는 것이다. 다른 예를 들어보면, 관공서에서 인구에 관한 문서에 세무과의 문서와 학교 교육과의 문서를 합쳐 '인구' 등의 분류에 포함

<그림 23> 원질서·군의 구조를 표시한 목록의 예
(국립사료관『越後國 頸城郡 岩手村 佐藤家 文書 目錄』2)

```
          越後國 頸城郡·岩手村 佐藤家 문서 목록 (2) 목차

岩手組(組合村) ................... 5          貢租·諸懸 ................... 5
   支配 ........................... 5             藏米, 刺米, 郡中組乃小懸
      才覺金                                  戶口 ........................... 6
   普請 ........................... 6             宗門改帳, 改寺改宗
      郡中割普請, 岩手組諸村普請所            其他 ........................... 7
   村政 ........................... 6
      治安, 吟味

岩手村 ........................... 7
   支配 ........................... 7          土地 ........................... 7
      觸, 達, 夫人足, 傳馬御用                   高反別帳, 地曳帳, 地租改正,
                                                 地押調査, 繪圖, 地圖
   貢租·諸懸 ................... 8
      亭保, 元文, 寬保, 延享, 寬延, 玉曆, 明和, 安永, 天明, 寬政, 享和, 文化,
      文政, 天保, 弘和, 嘉永, 安政, 文久, 元治, 慶応, 明治, 年代 不明
   普請 ........................... 30
      御普請所, 普請人足用具, 川除·用水堰普請, 橋普請, 他村
   戶口 ........................... 32
      戶籍·出生死亡人調, 人別送·送籍·寄留·他國出嫁
   村政 ........................... 33
      救恤, 治安, 衛生, 寺社, 諸稼, 營業, 廻狀, 大區, 小區, 町村編制, 選擧,
      他村, 其他
   爭論·訴訟 ................... 33

佐藤家 ........................... 37
   經營 ........................... 37
      所持地, 債權, 所得, 土地金融証文, 地主賬簿, 小作地經營, 爭論·一件
      勘定書·聽取書賣米, 諸品, 地租 地方稅, 郡村人費 等)
   家政 ........................... 60
      家計·出金, 記錄, 學藝, 書狀
```

사료관 연구사료 목록 제49집,『越後國 頸城郡 岩手村 佐藤家 文書 目錄(2)』
목차에서 인용. 단, 항목의 배치에서 원본과 다른 부분이 있다.

<그림 24> 주제별로 설정한 목록의 예

```
Ⅰ. 近世編

  A. 支配 ................................ 11        國役金 ........................... 48
     達, 觸書, 請書 .............. 11          宴加金·上納金 ............ 48
     御用留 ........................... 12          廻米·買納 ...................... 48
     廻狀 ................................ 12          諸入用·諸役·諸負擔 ...... 50
     治安, 取締 ..................... 12
     褒賞 ................................ 13     D. 村況 ................................ 52
     災害, 救恤 ..................... 14          村明細·村況取調 ........... 52
     鷹場, 鹿狩 ..................... 18          村繪圖 ............................ 53

  B. 土地 ................................ 19     E. 村政 ................................ 54
     高反別 ........................... 19          村役人 ............................ 54
     檢地 ................................ 20          村議定 ............................ 55
     小前書 上帳 .................. 21          村入用 ............................ 55
     地改 ................................ 22          村方出人 ........................ 56
     地圖·繪圖 ...................... 23          盜難 ................................ 61
     押堀, 潰地, 荒地 ........... 23          出府 ................................ 61
     地代金 ........................... 24          村役人足 ........................ 62
                                                         村貸借 ............................ 62
  C. 租稅 ................................ 25          傍示杭建替 .................... 62
     年貢 ................................ 25
     檢見·減免 ...................... 25     F. 戶口 ................................ 62
     年貢割付 ........................ 25          宗門改·吾人組 .............. 62
     年貢皆濟割帳 ............... 25          緣組·異動 ...................... 65
     年貢取立·納入 .............. 25          離緣·欠落 ...................... 65
     年貢, 諸役, 夫錢請取 ..... 35
     年貢皆濟目錄 ................ 41     G. 水利·普請 .................... 67
     延納 ................................ 47          願書·請書 ...................... 67

                         (이하 생략)
```

삿테 시사 편찬실 「삿테 시사 조사 보고서」 제1집, 『吉羽家 文書 目錄』 목차에서 인용.

시키는 것과 같다. 이용자는 여러 각도에서 사료를 검색하려고 한다. 이 경우 인구에서 검색하려고 하는 사람에게는 좋지만, 다른 요소에서 검색하려고 하는 사람에게는 곤란하다. 그 때문에 고려할 수 있는 모든 주제 항목을 중복 추출하거나 또는 각 항목의 첫머리나 각주에 '○ 페이지의 ○○ 항목도 참조할 것'과 같은 주기(註記)를 다는 배려가 필수조건이 된다(<그림 25> 참고). 또한 사료군의 구조를 어느 정도 표현하기 위해서 전술한 예와 같이 중항목 등에 그것을 표현하는 항목을 설정하거나, 또는 앞에서 다룬 편년순 목록에서 기술한 것처럼 주제 등을 표기하는 난을 만드는 것(<그림 22> 참고) 등에 대한 연구가 필요하다.

이와 같이 분류·편성 항목을 설정함으로써 사료군 내용의 특색을 밝히는 것이 가능하고, 사료 검색이 좀더 쉬워진다. 도서관에서 사용하는 일본십진분류법(NDC)과 같이 단지 사전에 결정된 각 분류 항목에 사료를 적용시키는 방법은 피해야 한다. 재론하는 것이지만 사료군은 각각 특유의 구조를 가지고 있기 때문에 기계적으로 분류하면 '군'으로 존재하는 사료의 의미가 퇴색하게 된다. 사료(군)는 한 권씩 독립적으로 만들어지는 도서와는 그 성격이 다르다는 점을 명심할 필요가 있다.

"우리 과(실·계)에는 사료군의 구조를 이해할 수 있는 전문직원이 없기 때문에, 사무직 직원도 분류가 가능한 사료군의 주제별 분류표가 필요하다"라는 이야기를 들은 적이 있지만,

<그림 25> 항목별 참조 주기의 예
(사이타마 현립문서관 『奧貫家 文書 目錄』)

鷹 場

　대부분이 鷹場 入用·人足에 관한 문서이다. 이것에 관해서는 一冊으로 다른 入用과 하나로 되어 있는 것은 「C 年貢·諸負擔」(125쪽)에 수록된 것을 참고하면 된다. 기타 餌指(鷹場의 살생을 행한 半助에 관한 것), 判藍 등, 鷹場에 관한 것을 수록했다.

土 地

　高反別, 替地, 分地, 秣場, 流作場 관계 문서를 수록하였다. 高反別에서는 이 밖에 秋元氏 시대의 全所領村의 書上이 있다(No. 607, 103쪽). 또 奧貫家의 경지와 관계가 있다고 생각되는 것은 『H. 농업 – 농업』(140쪽)에 수록하였다. 그리고 No. 45의 武藏野秣場出入書付 寫는 No. 237(「檢地」, 114쪽)에도 수록되어 있다. 또 『川越 市史 史料編 近世 Ⅲ』에 번각되어 있다.

동 문서관 수장문서 목록 제28집 『明星院·奧貫家·井上家 文書 目錄』 106, 110 쪽에서 인용.

　이것은 본말이 전도된 의견이다. 각각의 사료군이 고유한 구조를 가지고 있는 것은 바꿀 수 없는 사실이기 때문에 주제별 분류표를 필요로 하기보다는 목록을 만들 수 있는 전문직원을 두거나 양성하는 것이 우선이다. 그리고 "할 수 있는 것까지 한다"라는 단계적인 정리 원칙을 명심할 필요가 있다.

(5) 목록의 내용

　기본 목록 작성에 사료군에 대한 각종 정보를 기입한 기본 카드(대장)를 이용하는 것은 당연한 일이지만, 카드에서 다룬

<그림 26> 목록의 내용 사례

문서 번호	연월일	표제	발송인	수취인	형태	비고
78-② (1)	昭和 26.6.7	書簡 (借用之 儀ニ付)	山梨縣南都留郡 西桂小沼本町 藤下よし	篠津村 大野雅夫	1매	봉투 있음
78-② (3)	(昭和) 26.6.7	(受領書)			1매	78-②(1)의 봉투 안에 있는 3점
78-② (2)	(昭和) 26.6.9	(借用書)	山梨縣南都留郡 西桂藤下よし		1매	봉투 있음. 78-②(1)의 봉투 안에 있음
100		貸借之覺			橫長	斷簡
78-② (4)		取り替え札之 理由 (質地証文等 引替ニ付)			綴	

교육·문화

13-1 ①	明治 6.4.18	(辭令)	埼玉縣	大野雅山	狀	
1	明治 6.5.7~	(篠津學校 諸事留書)	篠津村大字 篠津		縱	明治 27년 3월 3일 부터.
3	明治 6.5.7~	生徒連名記	第80番 小學校		橫長	
99	明治 (6.5.7)	記(學校關係 の 御用留)			橫長	종이가 묶여 있음. 12월까지.
2	明治 6.5.	生徒出勤日誌	第80番小學校		橫長	
13-2 ②	明治 7.1.30	(辭令)	埼玉縣	大野雅山	狀	

시라오카(白岡) 정사 편찬실의 『大野政家 文書 目錄』(동 편찬실, 『白岡町史 調査報告書 Ⅰ 篠津地區 文書 目錄』 28쪽)에서 인용.

모든 정보를 충분히 기재하는 것은 불가능하다. 실용적인 최소한의 정보로는 연대, 제목(부제목), 발송인, 수취인, 형태, 수량[일점(一點) 주의의 경우에는 쓰지 않음], 사료 번호를 생각할 수 있다. 이때 사료 작성상의 특기 사항[오서, 오인(奧印), 충손 정도, 지배(紙背) 문서11)의 유무]이나 관련 문서, 일련번호의 의미 등을 명확하게 알 수 있어야 한다.

4) 데이터 수집과 검색 수단 작성

현재 많은 문서관, 편찬실에서는 기본 목록을 작성함으로써 일단 정리를 종료하는 것이 일반적이다. 그러나 이용자의 편의나 조사·연구의 심화를 위해서 제3단계라고 할 만한 정리(특히 정보·데이터에 대한)가 필요하다. 물론 현실에서 이 단계까지 진행할 수 있는 조건을 갖춘 기관은 아주 적다고 생각되지만, 장래의 과제로서 인식해둘 필요가 있다(분류·편성 항목을 설정하여 기본 목록을 작성한 후에 카드를 편년순으로 정렬해서 열람실에 놓아두는 손쉬운 대응만으로도 복수의 검색 수단을 갖게 된다).

기본 정리 단계에서 수집한 정보·데이터는 최소한으로 필요한 것이고, 이용자가 필요로 하는 정보는 아직도 많다. 또한 다양한 검색 수단이 요구된다. 이때의 검색은 하나의 사료군의 범위를 넘어 종합 검색으로까지 확대된다. 그림, 지도, 사

---

11) 내용이 기재된 종이의 뒷면을 말한다 — 옮긴이.

진, 서적, 간행물 등은 사료군과는 무관한 이용 요구도 많아 사료군을 넘어서는 검색 방법이 특히 요구되는 자료들이다[예를 들면 야마나시(山梨) 현립도서관에서는 사료군별로 목록을 작성하였지만, 그것만으로는 검색이 불편하기 때문에 모든 사료군을 대상으로 하여 '지도', '문학 부문'의 목록을 각각 다른 분류나 데이터를 통해 작성하였다(『야마나시 현립도서관 소장 고문서 목록』 7,8)]. 따라서 이러한 자료에 대해서는 사료군으로서 정리하는 방법, 즉 사료군 내의 모든 자료에 공통적으로 적용되는 정리 방법 외에 사료의 종류와 형태에 따라 다른 정리 방법이 필요하다. 다음 절에 다양한 자료의 정리 방법을 기술하였으므로 참고하기 바란다.

3. 다양한 자료의 정리

제가문서를 정리해보면 문서 자료 외에도 지도[12]나 서적·간행물·신문, 사진, 녹음 필름(Record Film), 인감, 시립[13] 등이 포함된 것이 많다. 지도나 서적·간행물 등의 종이 자료는 문서와 같이 정리하지만, 인감이나 시립 등 물건으로 된 자료는 정리

---

12) 원문에는 '그림지도[繪圖] 및 지도'로 되어 있으나, 이 책에서는 '지도'로 통일하였다 — 옮긴이.
13) 먹통에다 붓통을 곁들인 휴대용 필기구 — 옮긴이.

단계에서 제외시키는 것을 자주 보게 된다. 그러나 문서 이외의 자료라도 사료군에 포함된 것은 기본적으로 문서와 똑같이 취급하고 정리해야 한다. 수집 시점에 사료군에 포함된 자료는 형태가 다르더라도 모두 사료군의 형성 과정을 파악하는 데 중요한 단서가 되므로, 우선 사료군으로서 문서와 함께 정리하고 그 가운데 한 점의 사료로서 위치시키는 것이 필요하다. 이 단계에서는 앞 절의 '정리의 흐름'에서 기술한 방법이 공통적으로 적용될 것이다.

그러나 이러한 정리 방법은 주로 문서를 대상으로 고려한 것이다. 그 때문에 문서 이외의 자료 형태에는 적합하지 않은 점이 많다. 문서 이외의 자료는 포함하는 정보나 자료의 형태 등에서 문서와는 다른 특징을 지닌다. 공통 데이터의 수집만으로는 충분히 정보를 파악할 수 없는 경우나, 문서와 함께 보존하여 화학적으로 자료의 열화를 초래하는 경우가 있다. 그러므로 자료의 특징을 파악하고, 그 특징에 따라 자료를 정리해야 한다. 또한 보존·활용 측면에서도 좀더 좋은 보존 방법을 모색하고 활용하기 쉬운 정리 방법을 선택하는 것이 필요하다.

이 책에서는 이러한 자료(사료군과는 별도로 이용되는 경우가 많고, 사료군과 다른 정리 방법이 필요하다고 생각되는 그림·지도, 서적·간행물·신문, 사진·필름)에 대해 그 특징에 따라 좀더 나은 정리·보존 방법을 고찰하려고 한다. 제가문서에 포함된 자료뿐만 아니라 행정문서나 단독 수집(문서관의 자체적인 사진 촬영 등)한 자료를 모두 검색할 수 있는 수단에까지 범위를 넓혀 발전적으로 고려할 필요도 있다. 이것은 지도나 사진을 사료군에서 분리하여 정리하는 것이 아니라 사료군으로서 정리하는 것을 전제로 함을 확인해둔다.

1) 지도의 정리

(1) **지도의 특징**
지도의 특징은 외관상 특징과 정보상 특징, 두 가지로 정리된다. 외관상 특징으로는 다음의 세 가지 점을 들 수 있다.

① 큰 용지에 그려진 것이 많다.
② 같은 것이 복수로 존재하는 자료(인쇄된 것)와 한 점밖에 존재하지 않는 자료(손으로 써서 작성한 것)가 있다.
③ 다양한 색을 사용하여 채색한 것이 많다.

정보상 특징으로는 다음의 세 가지 점을 들 수 있다.

① 시각적이다.
② 작성 목적 이외의 정보를 준다.
③ 동일 대상에 대해 약도, 조감도, 평면도 등 복수의 제도 방법이 사용된다.

종래의 문서 정리와 동일한 방법으로 지도를 정리할 경우에는 이러한 특징을 고려하여, 예를 들어 정보적 정리에서는 카드의 비고란 등을 이용하고 문서와 공통되는 정보뿐만 아니라 지도 특유의 다양한 정보를 수집할 필요가 있다.

(2) 정리의 현실

문서와 같은 방법으로 지도를 정리하는 곳이 많다. 설문조사(권말 참고자료) 결과를 보아도 그림이나 지도를 독자적인 방법으로 정리하는 곳은 거의 없다. 또한 제가문서의 일부로서 독자적인 방법으로 정리하거나 정보를 수집하는 곳도 거의 없다. 그러나 문서와 같은 정리 방법으로는 그림이나 지도가 가진 정보를 정확하게 전달하는 것이 불가능한 경우가 자주 있다.

지도는 문서에 비해 사료군에서 분리하여 단독으로 이용하는 경우가 많다. 하지만 기본 목록에서는 특정 지역의 지도가 주제나 분류 항목별로 흩어져, 원하는 자료를 쉽게 찾는 것이 불가능하다. 또한 문서를 주된 대상으로 하여 작성된 정보 수집 항목만으로는 지도의 내용을 정확하게 파악하는 것이 불가능하다. 목록을 보고 자료를 찾아 현물을 확인해보면 기대에 미치지 못하는 것이 적지 않다.

이와 같은 불편을 해소하기 위해서 전용 색인 카드를 작성하는 지자체도 있다. 가와구치(川口) 시에서는 검색의 편의를 도모하기 위해 관내에 남아 있는 지도에 대해 사료군과는 별도로 카드를 작성하여 색인으로 이용하고 있다. 도서 카드를 이용해서 구(舊) 촌별로 지도를 검색할 수 있기 때문에 일괄 검색이 가능하다. 그러나 카드에 기재된 정보는 사료군 전체를 정리하여 목록을 작성할 때의 정보와 거의 동일하기 때문에 카드만으로 그 내용을 충분히 파악하기는 어렵다. 현 단계에서는 역사자료와 지역사료를 취급하는 기관 중에 사료군을 공통으로 정리한 후에 지도는 별도로 정리하는 곳은 적다. 하지만 적극적으로 복제를 수행하는 등 문서와 다른 취급을 하는 기관은 몇 곳이 있다.

지도 이용에 관해서는 지리학이나 도서관에서 참고할 수 있는 내용이 적지 않다. 국립 국회도서관의 지도실에서는 열람 업무를 실제로 담당하여 지도 목록을 간행하고 있다. 목록은 지역별로 간행되며, 기재 내용은 지도 번호, 지도명, 측량 연도, 편집 및 제작 연도, 수정 측량 연도(부분 수정 측량 연도), 자료 수정 연도(철도 추가 개통, 행정구획 개정 등), 제판 연도, 비고란(단색·다색 인쇄, 발행기관 구별 등), 청구 번호 등이다.

분류는 일반 지도·주제도·지도책 세 가지로 하였다. 이 중에서 주제도는 특히 지질도·기상도·기후도·지형학도·경제도·교통도·관광도·인구도·행정도·역사도 등으로 구분하였다. 검색에 사용되는 카드는 주제별로 분류한 것이 중심을 이룬다. 지형도·토지 이용도·해도·지질도 등은 지도 종류별로 분류하고, 작성자인 국토지리원의 검색 방법을 이용한다.

지도의 보존 방법으로는 대형으로 접지 않은 것은 펼친 그대로 지도 보관함 등에 넣어서 보존하고, 작은 것은 말아서 통 등에 넣어서 보관하거나 포장지14) 등을 이용하는 방법을 생각 중이다. 또한 접힌 것은 원래의 형태를 고려하면서 서질(書帙), 봉투를 사용하여 접어서 보존하는 것이 접힌 자국을 보호하고, 현 상태대로 후세에 전하는 적절한 방법이라고 생각된다. 손상이 심하여 현재 상태로는 보존할 수 없는 것은 표구를 하거나 뒷면을 덧대어서 보존하는 방법을 고려할 수 있다. 이용이나 보존 상황에 따라 가장 적합한 보존 방법을 적용해야 할 것이다.

지도는 이용 시 취급하기 어려운 반면에 이용 빈도가 높으므로 보존 방법에 특별히 신경을 써야 한다. 예를 들면, 복제물을 만들어 이용에는 가능한 한 복제물을 사용하는 방법 등을 생각할 수 있다. 채색된 것이 많으므로 컬러 리허설(color rehearsal) 등을 사용하여 복제하는 것이 좋다. 설문조사 결과에서도 많은 기관·지자체에서 지도는 사용빈도가 높고 원자료의 취급이 어렵기 때문에 복제물 작성이 필요하다고 응답하였다.

(3) '지도 카드'의 제안

지도를 사료군에 포함된 한 점의 사료로 정리하는 것 외에

---

14) 첩지(疊紙). (일본 옷을 보관하는 데 쓰는) 넷으로 접은, 옻 따위를 입힌 두꺼운 포장지를 말한다 — 옮긴이.

독자적인 정리를 생각하고 검색의 편의를 도모하기 위한 시도로 '지도 카드'를 작성하였다. 항목을 편성하고, 카드에 사진을 첨부할 수 있도록 B6 판을 두 번 접은 형태를 생각하였다. 지도의 특징을 고려하여 몇 개의 항목을 설정하였다. 항목은 다음과 같다.

- 카드 번호 : 지도의 정리에 즈음해서 부여한 카드 번호
- 지역명 : 지도가 묘사하는 지역명, 검색 지역명, 역사 지명
- 사료군명 : 해당 지도가 속한 사료군명
- 사료 번호 : 사료군의 정리 시 부여된 정리 번호
- 연대 :
  ① 작성 연대, 기재된 내용이 있는 것은 기재 연대.
     아래 그림의 연대를 소괄호 안에 적고 주를 붙인다.
  ② 추정한 경우는 중괄호 안에 적는다.
  ③ 복수의 연대가 기재된 경우가 있다. 특히 인쇄된 지도에는 측량 연대, 사진 촬영 연대, 수정 연대, 인쇄 연대, 발행 연대 등이 기재되어 있다. 이러한 연대들도 카드에 기재해두면 편리하다. 연대 기재란은 2개를 만들어 복수의 연대를 기입할 수 있게 하였다.
- 표제 :
  ① 표제는 카드 작성 의도에 부합해야 한다.
  ② 기존의 지도를 이용하여 내용을 기재한 카드는 기재한 내용으로부터 표제를 부여한다.
  ③ 아래 그림·원그림의 제목은 괄호 안에 적는다.

- 작성자(발송자) → 수취인 : 그림·지도의 작성자(발송자) → 수취인
- 형태 : 한 장의 종이에 그린 것, 여러 장의 종이가 합해진 것, 접은 자국의 크기
- 축척 : 유무 혹은 척도
- 방위 : 유무, 상부의 방위
- 도법 : 평면도, 조감도, 약도 등의 도법
- 측량법
- 채색 : 유무 혹은 색의 수
- 표장·배접 : 유무, 종류
- 포장지·케이스 : 유무, 종류
- 배서·표지 : 유무, 종류
- 기록 : 유무, 내용
- 복제 : 유무, 종류, 복제 번호
- 배가 위치 : 수장고명, 서가 번호 등
- 비고 : 각 항목에 기입한 정보 외에 필요성이 인정되는 정보

이 카드는 어디까지나 하나의 시도이고, 실제 운영에는 적합하지 않은 면이 많이 있을지도 모른다. 다만 자료를 좀더 이용하기 쉽고, 오랫동안 보존하기 위한 하나의 방법으로서 여기에 게재한다.

<그림 27> 지도 카드의 사례
(표기된 서식은 기입 사례를 참고)

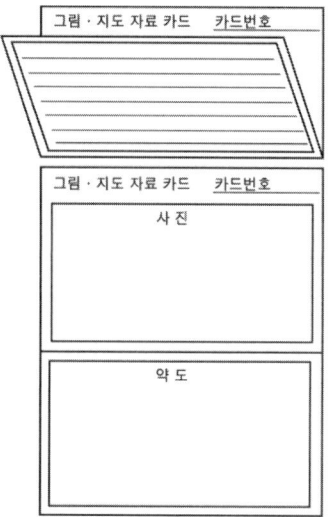

<그림 28> 지도 카드의 기입 사례(앞면)

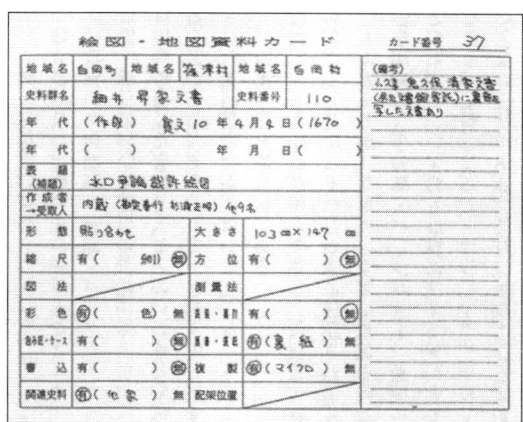

2) 서적·간행물의 정리

(1) 서적·간행물의 특징

지역문서관 설립 및 시정촌사 편찬 등으로 인해 수집된 제가문서 중에는 문서 외에도 행정자료, 서적, 신문, 팸플릿 등 여러 종류의 자료가 포함된 것이 적지 않다. 특히 근세·근대에 정촌의 공직에 있던 개인이나 가문, 더욱이 재정이 풍부했던 가문에서는, 학자나 문인 등 이른바 지식인, 문화인에 해당되는 인물이 많이 배출되었다. 이들은 여러 가지 자료를 수집하여 서적·간행물을 편집하거나 저술하였다. 이러한 서적·간행물은 사료군 가운데 한 권밖에 없거나 지역에 관한 간행물 등을 포함하고 있어 귀중한 문화적 사료가 된다.

근대가 되면 인쇄 기술이 발달하고, 교과서·서적·잡지·신문 등의 발행이 점차 늘어나게 된다. 사료 조사에서도 이러한 간행물들이 자주 눈에 띈다. 간행물 중에는 지역과 직접적인 관련이 없는 것도 있지만, 귀중한 지역사료가 되는 것도 있다. 예를 들면 지역의 문예 잡지나 활동 보고를 인쇄한 소잡지, 팸플릿, 신문의 지역 관련 기사, 광고 기사 등은 모두 지역에 관한 사료로서 간과할 수 없는 것이다.

이들 간행물이 사료가 된다는 것은 누구라도 인정하는 바이지만, 이용은 아직 충분히 이루어지지 못하는 상황이다. 일일이 셀 수 없을 정도로 많은 종류의 간행물이 있고, 더욱이 그 형태도 각기 다르며 기술한 내용도 지역을 넘어선 일반적인 것에서부터 특정 지역에 한정된 것까지 다양하여 이용을 위한 정리가 제대로 되지 않았기 때문이다. 서적·간행물의 중요성은 알지만 현실적으로 인력이나 시간의 여유가 충분하지 않고, 지역에 관계된 것은 어느 정도 정리되어 남아 있지 않기 때문이기도 하다.

지역에 관한 서적·간행물은 특히 향후 지역사 연구, 분야사의 조사·연구, 학교에서 지역 학습 교재로의 활용 등을 위해서 반드시 필요하다. 지역사료라는 점에서는 신문 기사도 중요하다. 그 중에서도 지방지의 기사는 지역의 모든 정보가 담겨 있으므로 다른 자료를 통해서는 알 수 없는 정보를 얻을 수 있다. 정치·경제·문화·사회 등 모든 분야에 관한 정보를 한눈에 파악할 수 있다는 점을 고려하면 최적의 정보원이라고 할 수 있다. 더욱이 다이쇼(大政)·메이지 시대 이전으로 거슬러 올라가면 전래되는 지역사료가 적기 때문에 당시의 신문 기사는 매우 유효한 정보원이 된다. 이는 시정촌사 편찬에서 예외 없이 신문 기사를 사료로 이용하는 것에서도 확인할 수 있다.

정보량이 많으면 그만큼 검색 수단을 충실하게 갖춰야 한다. 그렇지 않으면 다량의 기사 중에서 관심 있는 사항을 찾는 데 많은 시간이 소요되고, 경우에 따라서는 제 시간에 맞출 수 없기 때문이다. 이와 같이 풍부한 서적·간행물도 지역사료로서 이용하기 편리하도록 다른 자료와 함께 정리하여 제공할 필요가 있다.

(2) 정리 현황

설문조사 결과에 나타난 서적·간행물의 취급 실태를 살펴보면, 대부분의 기관에서 서적·간행물의 정리를 실시한다고 응답하였다. 이를 통해 서적·간행물이 사료로서 자리매김하였다는 사실을 알 수 있다. 그러나 구체적인 내용을 보면 기관에 따라 정리의 정밀도에서 차이가 있고, 전체적으로 문서 정리에 비해 정밀함이 떨어진다는 점 등이 앞으로 해결해야 할 과제라는 의견이 많았다.

서적·간행물을 문서와 같이 정리한다고 응답한 기관은 현내 시정촌사 편찬기관이 가장 많았다. 그 밖의 현내·현외 기관에서는 문서와 별도로 정리하는 곳이 절반 정도였다. 서적·간행물을 문서와 같이 정리하는 기관에서는 자료의 양이나 시정촌사 편찬 중이라는 시간적 제약 등 현실적인 요소를 고려해야 하지만, 사료군 안에 포함된 자료는 그 자체로 의미가 있으므로 구별해서는 안 된다는 응답이 있었다.

서적·간행물의 분류는 고문서 중 한 항목으로 취급하는 기관이 대부분이었다. 하지만 도서관에서 이용하는 일본십진분류법을 사용하거나 독자적으로 항목을 만들거나, 아니면 두 가지 방법을 구분해서 사용하는 기관도 있었다. 그 밖에도 다양한 응답이 나와 서적·간행물 정리의 실상을 여실히 보여주었다. 고문서 중 한 항목으로 분류하는 경우에는 '전적·서적'으로 분류하는 곳이 가장 많았다. '화본(和本)·한적(漢籍)' 등으로 소분류를 하는 기관도 있으며, '간행본·문화' 등과 같이 광범위하게 분류하는 곳도 있다.

카드를 작성할 때 서명·편저자명·발행자명·발행년도·호수를 비롯해서 여러 가지 사항에 관한 정보를 수집하는 기관이 많았지만, 반면에 카드를 작성하지 않는 기관도 있었다.

신문은 정리하는 기관과 정리하지 않는 기관의 비율이 약 10대 4 정도였다. 정리하지 않는 기관이 의외로 많았는데, 이 중에는 신문의 수집·정리를 목적으로 하지 않는 곳이나 제가문서의 수집 대상에서 신문을 제외한 곳도 있을 것이다. 혹은 신문의 보존상태가 좋지 않아 수집이 불가능하다고 생각할 수도 있다. 이렇게 볼 때 신문이 사료로서 충분히 이용되지 않는다고 할 수 있다. 국립국회도서관이 주최한 제2회 자료 보존 심포지엄에서 "신문은 사료 및 자료로서 다루기에 부적당하여 경시되었고, 체계적인 이용 방법이나 보존 방법의 검토가 불충분하였다"[15]라고 지적한 내용 그대로이다.[16]

이러한 의견들에 기초하여 서적·간행물을 유효하게 활용하기 위해서는 어떻게 정리하는 것이 좋을지 고민해야 한다.

---

15) 동 심포지엄에서 야마모토 다케토시(山本武利) 씨가 '연구자가 본 신문 수집'이라는 제목으로 강연한 내용에서 인용.
16) 동 심포지엄의 기록은 『신문의 보존과 이용 ― 제2회 자료 보존 심포지엄 강연집 ― 』으로 간행되었다.

(3) 서적·간행물의 종류

하나의 사료군 내에서 서적·간행물의 위치와 분류를 고려할 경우, 처음부터 문서와 구별해서 서적이나 간행물 항목을 설정하기보다는 문서나 지도 등 다른 자료와 함께 해당 항목에 편성하는 것이 사료군의 형성과 구조를 연구하는 본래의 의미를 살리는 일이 된다. 예를 들면 어떤 집안의 호주가 특정 단체의 임원을 지낸 경우, 재직 당시 작성한 문서, 이용한 지도·사진, 간행한 팜플렛, 참고한 도서 등이 모두 일괄적으로 단체의 활동 항목으로 분류·편성하는 것이 원칙이다.

그러나 실제로 남아 있는 서적·간행물을 가문이나 개인의 특정 활동에 적용시키기에는 무리가 있다. 그 때문에 서적·간행물을 정리해서 하나의 항목으로 만들고, 다시 항목을 이용하기 쉽도록 세분할 필요가 있다. 이때는 서적·간행물의 종류 구분·분류가 필요하게 된다. 사료군에 포함된 서적·간행물의 경우에 통상적으로 사료의 양에 따라 분류하는데, 분류 과정에서 항목을 지나치게 세분하지 않는 것이 좋다. 세분할수록 항목도 많이 만들어야 하고, 하나의 항목에 한 점의 사료만 있는 경우도 생긴다. 이렇게 되면 이용에도 필요 이상의 공력이 들게 된다. 특정 분야에 관한 사료가 다량으로 존재할 경우에는 예외적으로 이에 대응한 분류가 필요하다.

설문조사 결과에 따르면 대개 전적·서적·한적·화본 등의 분류가 사용된다. 이러한 분류는 장정(裝訂)된 것을 기준으로 한 것이므로, 이 밖에 필요한 분류 항목을 몇 가지 추가하면 대부분의 서적·간행물 정리에 적용할 수 있을 것이다.

그러나 서적·간행물의 정리에 관해서는 구체적인 사례가 그다지 많지 않고, 만족할 만한 정리 방법이 없다고 해도 과언이 아니다. 향후 각 기관이 경험에 기초해서 좋은 정리 방법을 찾아낼 것으로 기대된다.

수집된 서적·간행물의 종류는 크게 서적·도서, 연속 간행물, 신문, 팜플렛·전단지 등으로 나눠질 것이다. 이 중에 서적·도서는 범위가 넓기 때문에 고서(古書)와 신서(新書)로 한 번 더 구분할 수 있다. 이러한 구분은 도서관 등에서 사용하는 화본·양장 등의 장정에 따른 것이다. 또는 근세, 근·현대와 같이 시대별로 구분하는 방법도 고려할 수 있다.

그러나 모든 구분 방법에는 난점이 있다. 장정으로 구분할 경우에 현대에도 화장본이 있고, 같은 책이라도 장정에 따라 별도로 구분하게 되는 등의 문제가 발생한다. 시대별로 구분할 경우에도 근대에 들어서도 많이 출판된 목판 화장본이 근세에 나온 것과 내용·장정이 같음에도 불구하고 따로 구분되는 문제가 생긴다. 이처럼 서적·간행물을 시대별로 구분할 경우의 문제는 문서와 마찬가지로, 근대에 들어서도 오랫동안 새로운 양식과 더불어 근세와 같은 양식의 사료가 나타난다는 것이다. 사료군으로서 문서와 함께 정리하는 점을 생각하면, 그 정합성을 고려해서 장정보다는 시대(근세와 근·현대)별로 구분하는 방법이 좋을 것이라고 생각된다.

　연속 간행물은 정기·부정기를 불문하고 계속적으로 간행되는 것으로, 지역의 제 단체 등이 발행한 연구물, 보고서, 동인 잡지 등 지역에 관한 사료가 많이 있다.

　신문은 본래 연속 간행물이지만 그 형태나 특수성 때문에 독립시키는 것이 좋다. 또한 팸플릿·전단지 등은 한 장 또는 몇 장으로 된 인쇄물로 책자나 서적에 포함되지 않는다.

　대상 사료의 양이 적다면 이상의 종류 구분만으로 분류 항목이 충분하겠지만, 분량이 어느 정도 된다면 항목을 추가하는 것도 생각해야 한다. 다음에서는 각각의 경우에 대해 고찰해보겠다.

(4) 전적·도서의 정리

　사료군의 구조에 따라 분류 항목을 설정하는 것이 좋지만, 그것이 어려울 경우에는 전적·도서로 분류할 필요가 있다. 이른바 고서의 분류 방법은 『내각문고 국서 분류 목록(內閣文庫國書分類目錄)』이나 『신편 화한 고서 분류법(新編和漢古書分類法)』에 자세하게 기술되어 있다. 하지만 이러한 방법은 내각문고 등 고서가 다량으로 있는 경우에 모든 고서를 망라해서 분류하기 위한 것이기 때문에 전적·도서의 정리에 적용하기에는 너무 세분화되어 있다. 그래서 이를 기본으로 몇 개의 항목을 정리하고, 특히 근대 이후의 이른바 신서에도 공통으로 적용할 수 있는 항목을 생각한 것이 다음의 분류 항목이다.

총기(叢記)/ 종교·철학/ 역사·지리/ 사회과학/ 자연과학/
산업/ 기술·공학·가정학/ 예술·스포츠/ 국어·문학

  도서의 수량이 아주 적은 경우에는 시대 구분 없이 이와 같은 공통 항목만으로 정리를 끝내는 것도 가능하다. 한편 도서의 수량이 많을 경우에는 각 시대의 특징에 맞게 근세의 도서는 전게서(前揭書)[17]의 분류 방법, 근·현대의 도서는 일본십진분류법을 응용해서 사용하는 방법도 생각할 수 있다.
  소분류된 서적·도서는 그대로 이용할 수도 있지만, 충분히 정리되었다고는 할 수 없다. 그 때문에 검색을 하기 위한 정보가 필요하거나, 기초 작업으로서 각 권마다 카드를 작성할 필요가 있다. 이러한 경우에 어떤 정보를 가지고 카드를 작성할 것인지가 문제이다.
  고서의 권위자인 나가사와(長澤規矩也) 씨는 목록 작성에 관하여 "결코 쉽다고 할 수 없다. 무심코 규칙을 만들면 그 규칙으로 처리할 수 없는 것도 많이 생겨난다"라고 하였다. 또한 "고서를 본 사람이 가능한 추측을 더하는 것보다 실물을 알 수 있을 만큼만 기입하고, 다른 전문가에게 맡기는 것이 능률적이다"라고 기술하였다(長澤規矩也, 1960 : 90). 이것은 고

---

[17] 『내각문고 국서 분류 목록』과 『신편 화한 고서 분류법』 — 옮긴이.

서를 취급하는 사람이라면 누구나 실감하는 내용이다. 그만큼 고서 정리가 어렵다고 할 수 있다.

이용자에게는 어느 것이든 검색 수단이 필요하다. 이용자에게 검색 수단이 없다고 말할 수는 없다. 나가사와 씨는 권두 서명이나 저자 관련 사항을 원본대로 기록하거나 간행본과 필사본의 구별, 책의 크기, 책의 수만 명기하더라도 전문 연구자에게는 오류가 많은 기재보다 도움이 된다고 단언하였다(長澤規矩也, 1960 : 90). 도서 정리를 경험해본 사람이 적은 지역문서관에 목록 작성 방법을 제시하였다고 할 수 있다. 나가사와 씨가 제시한 카드 기재 방법은 다음과 같다.

- 서명, 이명(異名), 텍스트, 권수
- 편·저자명
- 간행본과 필사본의 구별, 간행 또는 복사 연도, 특수 인쇄 방법 (필요에 따라서), 간행자 또는 필사자
- 화당한장(和唐韓裝)의 구별, 특수 장정, 크기, 책의 수량

한편 설문조사 결과에 따르면 정밀도에서 차이는 있지만, 다수의 기관에서 서명, 권수, 편저자명, 발행인, 발행처, 간행 연월일 등 주요한 정보를 카드에 기록한다. 나가사와 씨가 소개한 카드 작성 방법은 사료의 본래 형태를 유지하는 정리 방법이므로 고서의 정리에는 가장 좋다고 할 수 있다. 각 기관의 실정에 따라서 또는 근대 이후의 자료를 함께 정리할 때는 카

드를 좀더 간략하게 작성하는 것도 생각할 수 있다. 이때에는 설문조사 결과에서 언급되었던 정보 정도로 충분하다. 따라서 카드에 기재되는 정보는 다음 사항이 중심이 될 것이다.

  서명, 권수, 편저자명, 발행인, 발행처,
  저작 및 간행 연월일, 사본과 간본의 구별, 형태, 장정

여기서 말하는 사본은 필사된 것이고, 간본은 목판본을 비롯하여 필사본 이외의 것을 말한다. 도서의 형태와 장정에 관해서는 '화당한장(和唐韓裝)의 구별'까지는 어렵겠지만, 근세의 문서와 마찬가지로 가로·세로 등의 형태 구별, 근대 이후에 나온 도서는 화장(和裝)과 양장(洋裝)의 구별, 판형(B5, A5 등) 정도는 기재하는 것이 좋다. 또한 한 권의 책에 저자가 여러 명인 경우(공저, 논문집 등)에는 각 저자의 이름이나 제목 등의 정보로 카드를 작성할 필요가 있다.

그 밖에 교육의 보급으로 인해 교과서가 의외로 많이 남아 있다. 교과서는 과목별로 정리하는 방법도 생각할 수 있고, 사용 연도를 알 수 있는 경우에는 카드에 기재해두면 이용할 때 편리하다.

(5) 연속 간행물의 정리

도서관에서 사용하는 연속 간행물의 분류 항목은 많지만,

하나의 사료군에 포함된 연속 간행물의 종류는 그리 많지 않다. 신문은 별도로 취급하면 정기 간행물·연간물, 학회지, 연구 보고서, 회의록, 업무 보고서 등의 분류 항목만으로 충분한 경우가 많다. 또한 가문이나 개인이 관계된 조직·단체가 발행한 간행물이 많은 경우에는, 그 활동에 따른 분류도 비교적 용이하다. 지역에서 간행된 연속 간행물의 양이 많다면 지역 문서관의 성격에 따른 분류나 지역별 분류도 고려할 만하다. 지역별 분류에는 직접적인 관계가 있는 지자체, 인접한 지자체, 기타 등 세 가지 분류 항목 정도를 설정할 수 있다.

카드 작성 방법은 대부분 도서와 같지만, 여러 명의 저자가 개별적으로 기술하거나 주제별로 서술된 것들이 많으므로 이들 간행물에 포괄적으로 적용할 수 있는 방법이 필요하다. 따라서 이용을 위한 검색 수단에 간행물명뿐만 아니라 간행물에 수록된 글의 내용도 포함시키는 배려가 있어야 한다.

(6) 신문

시대를 불문하고 신문은 산성지로 되어 있으므로 열화로 인한 손상이 빠르고 오래된 것일수록 수명이 짧다. 더욱이 신문은 형태가 크기 때문에 서적 등에 비해서 취급하기 어렵고, 보존 측면에서도 상당한 노력이 필요하다. 따라서 오래된 신문일수록 주의해서 다뤄야 한다. 메이지 시대나 다이쇼 시대의 변색된 신문은 움직이기만 해도 찢어질 것 같았던 경험이 있을 것이다.

　수집된 신문은 이전에 어떤 목적으로든 수집·정리된 적이 있었는지 확인할 필요가 있다. 수집·정리의 흔적이 남아 있다면 가능한 범위 안에서 누가, 언제, 무엇 때문에 정리하였는지 기록하는 것을 잊어서는 안 된다.

　신문은 크기가 크고, 오래된 것은 부서지기 쉽다. 그 때문에 별도로 보관하는 것이 좋지만, 컬렉션과 같이 수량이 많을 때에는 간행순으로 배열하는 방법 등을 고려할 수 있다. 여러 종류의 신문이 있는 경우에는 종류별(신문별, 신문사별)로 구분할 수도 있다. 하지만 무엇보다도 컬렉션을 만든 기존의 정리 방법을 존중해야 한다.

　신문은 형태가 대형이고 쉽게 파손되기 때문에 세워서 보관하기는 불가능하다. 가로로 겹쳐서 놓는 방법이 적당하지만, 계속해서 제한 없이 쌓아두게 되면 아래쪽의 신문에 문제가 생기므로 어느 정도의 양을 쌓을 것인지 고려해야 한다.

　종류별로 신문을 쌓아두는 것만으로는 활용하기에 불편하다. 국립국회도서관에서의 신문 이용 상황을 시대별로 살펴보면, 메이지·다이쇼 시대 29.1%, 쇼와(昭和) 전기(쇼와 1~20년: 1926~1945년) 14.3%, 쇼와 후기 56.6%라는 통계가 나왔다. 이러한 수치는 외국어 신문을 포함한 것이므로 참고 자료에 불과하지만, 메이지·다이쇼 시대의 신문 이용이 의외로 많은 것을 알 수 있다.[18] 이것은 연대가 오래될수록 남아 있는 사료가 적고, 지역사료로서 신문 자료의 중요성이 커지기 때문이다. 발행순으로 신문을 분류할 때는 메이지·다이쇼·쇼와 전기·쇼와 후기 등 최소한 4개 정도로 시대를 구분할 필요가 있다.

이용을 위해서는 신문에서 데이터를 수집해야 하지만, 신문에 대한 데이터 색인을 갖춘 기관은 아직 적다. 기관의 특징을 드러내기 위해서 특정 사항에 한해서만 데이터를 수집하는 경우도 있지만, 불특정 다수의 사람들을 대상으로 한다면 찾아낼 수 있는 모든 데이터를 수집할 필요가 있다. 그러나 그렇게 하기에는 데이터의 양이 방대하므로 현실적으로는 불가능하다.

지역문서관의 기능을 고려하면 최소한 기관이 속한 지역에 관한 기사에서는 데이터를 수집해야 한다. 또한 시정촌의 경우에는 인접 지역과의 연관성이 있으므로 인접한 지역에 관한 기사에서도 데이터를 수집하는 것이 좋다. 데이터는 주로 신문의 본문 기사에서 수집하지만, 옛날 신문에서 뜻밖에 지역의 광고문 등을 발견하는 경우도 있다. 이때는 광고문에서도 데이터를 수집한다.

데이터의 내용은 신문의 양에 따라 다르겠지만, 기본적으로 신문명, 발행 연월일, 사항, 지명 등이 있다. 데이터를 이용하기 위해서는 정치·경제·사회·문화 정도로 분류하여 검색하기 쉽게 제공하는 방안을 고려해야 한다. 체계적으로 신문을 보

---

18) 多田埈五, 「國立國會圖書館における新聞資料の利用と保存」, 국립국회도서관 주최 제2회 자료 보존 심포지엄 강연 개요 요약문.

존해온 가문이나 컬렉션을 제외하고는, 제가문서에 포함된 신문의 기사만으로 그 지역을 알기는 어렵다. 기사의 내용이 지역 전체를 망라하지 않거나 체계적이지 못하기 때문이다. 이를 보완하기 위해 다른 기관이 수장한 신문에서 지역 관계 기사를 복제하여 수집하는 등 다각적인 노력을 통해 검색 수단을 만들어가는 것이 효과적인 이용을 위해 바람직하다.

신문은 보존하기 어렵다고 하지만, 최근에 나온 신문은 원지보다 지질이 좋은 축소판도 있고 한편에서는 원지 보존기술을 개발하는 중이므로 앞으로는 신문 보존의 전망이 밝아질 것으로 기대된다. 그러나 이미 수집·정리된 신문 중에는 열화로 인한 손상이 진행된 것이 있다. 그대로 보존한다고 해도 이용하기는 불가능하므로 적절한 대응책을 강구할 필요가 있다. 원지를 보존하기 위해서는 탈산 처리 등이 바람직하지만 현재로서는 많은 비용이 필요하다. 마이크로필름 촬영은 효과적인 대안이 될 수 있다. 복제물을 작성하여 이용하고, 원지는 이용을 피하고 보존을 도모함으로써 조금이라도 좋은 상태에서 장래의 탈산 처리나 강화 처리에 대비하는 것이다.

(7) **팸플릿·전단지**

팸플릿과 전단지는 책자 이외의 사료로서 지역에 관한 내용이 많이 포함되어 있다. 선거 속보, 구인 안내, 전시회 안내 등이 주요 내용이기 때문에 정치·경제·산업·문화·교육 등의 항목으로 분류할 수 있다.

(8) 사료군 전체를 대상으로 한 검색

하나의 사료군 내에서 이루어지는 정리와는 별도로, 사료군 전체에 포함된 서적·간행물을 검색하는 수단(목록 등)을 작성할 경우에는 사료의 양이 많으므로 상세한 분류가 필요하다. 지역문서관의 성격을 고려하면 일본·중국 서적의 분류법이나 일본십진분류법을 곧바로 적용하기보다는 우선 ① 대상 지역에 관한 것, ② 주변의 관련 지역에 관한 것, ③ 지역과 직접적인 관련이 없는 것 등으로 사료군을 크게 나누는 것이 효과적이라고 생각된다. 특히 ①이나 ②에 해당하는 사료는 지역의 특성을 반영한 분류 항목을 설정할 수 있다.

정기간행물이나 신문은 게재된 논문이나 기사마다 분류가 필요하다. 또한 문서와 비교해서 서명, 저자명 등의 색인이 꼭 필요하고, 그만큼 효과가 있다.

3) 사진·필름의 정리

(1) 사진 자료의 특징과 정리 현황

지역문서관의 보존 대상이 되는 사료는 종이에 기록한 문서만이 아니다. 제1권에서 이미 언급한 것과 같이 사진이나 영상 필름, 녹음 테이프나 레코드 테이프 등 이른바 시청각 자료도 지역문서관의 보존 대상에 포함된다. 이 중에서 사진은 제가문서에 포함된 것도 많고, 시청각 자료 중에 가장 먼저 사용된 기록 수단이다. 그러나 사진은 문서 등의 사료와 성격이 다르고, 역사 자료로서 지금까지 소홀히 다룬 측면도 많다. 현재 사진이 사료 보존이용기관에서 없어서는 안 될 기록 수단으로서 사용되고 있는 만큼, 사진의 정리와 보존은 커다란 과제라고 할 수 있다.

사진 자료를 취급할 때는 먼저 사진의 형태에 관해 숙지하는 것이 중요하다. 사진의 형태는 사진의 사료적 가치를 판단하는 과정에서 필요할 뿐만 아니라 문자로 된 기록이 남아 있지 않은 경우에 사료의 연대를 추정하는 기준이 되기 때문이다.

일본에 처음으로 도입된 사진은 은판사진이다. 그러나 은판사진은 도입 당시의 극히 짧은 기간에만 사용되었으며, 그것도 외국인이 촬영한 것이 대부분이었다. 일본에서 최초로 실용화된 사진은 습판사진이다. 습판사진은 막부 말 유신기를 정점으로 하여 1880년대에 젤라틴을 이용한 유리 건판이 등장할 때까지 널리 보급되었다. 젤라틴 건판은 메이지 30년대에 필름이 등장한 후에도 전문 사진가들 사이에서 사용되었고, 각지에 많이 남아 있다.

한편 인화지는 습판사진에 사용된 계란지(鷄卵紙)에 이어 P.O.P 지와 프로마이드 지가 나왔다. 이후에는 염화은 젤라틴 인화지가 사용되었다. 사진은 기본적으로 지지체(BASE) 위에 감광재가 도포된 구조이다. 하지만 역사적 변천 과정에서 촬영 기법이나 인화 기법이 개량되었기 때문에 사진의 형태나 재질은 여러 가지이다.

현재 사료 보존이용기관에서는 사진 자료를 그다지 적극적으로 정리하지 않는 것 같다. 설문조사 결과(권말 참고자료)에서도 대부분의 기관에서 사진을 취급하지만 취급 방법에 어려움을 느끼는 곳이 많았다. 사진 자료는 형태가 다양해서 취급하기 어렵고, 절대량이 적거나 문자로 된 기록이 없는 것이 많기 때문에 문서와 같은 방법으로 정리할 수 없기 때문이다. 지역에 남아 있는 사진 중에는 선조나 가족의 초상이 많다. 또한 소장자와 수집자의 가치 판단에 따라 사적인 것으로 선별되어 버려지는 사진도 많다.

서구에서는 일찍부터 사진을 역사 자료로서 수집·보존하는 전문기관이 존재하였다. 일본에도 옛날 사진을 수장하고 있다고 알려진 기관이 몇 군데 있는데, 특정 사료군으로서 취급하는 경우가 많다. 여기에서는 사진을 특정 사료로 한정하지 않고 지역에 남아 있는 사료의 하나로 다루면서 지역문서관이 수행하는 사진 자료의 수집과 정리에 관해서 생각해보려고 한다.

(2) 고사진의 현물 정리

현물 사진을 정리할 때는 재질의 차이뿐만 아니라 약품 처리를 한다는 점을 고려할 필요가 있다. 다음에는 고사진 중 유리 건판, 대지(台紙)19)에 붙인 인화 사진, 앨범의 정리에 대해서 여러 기관의 사례를 소개하면서 정리 방법을 기술하겠다.

① 유리 건판

유리 건판은 종이 상자에 보관되거나 종이에 싸여 있는 것이 많다. 유리로 되어 있기 때문에 취급에 상당한 어려움이 있다. 몇 매 정도를 종이 또는 목제 상자 안에 넣고, 상자에 번호를 부여하여 정리하는 것이 효과적이다. 예를 들면 교통박물관에는 메이지 중·후기에 촬영된 이와사키(岩崎), 와타나베(渡辺) 컬렉션의 건판 사진이 보관되어 있다. 건판을 한 매씩 파라핀 종이에 싸서, 10매씩 종이 상자에 넣고 각각 번호를 부여해서 정리하였다.

유리판은 한 면에 유제(乳劑)가 도포되어 있으므로 가능하면 한 매 한 매를 파라핀 종이와 같은 것으로 싸서 보호하고, 종이 위에 번호순으로 기록을 기입하여 상자에 수납하는 것이 바람직하다. 건판의 크기가 다른 종류가 몇 가지 있기 때문에, 크기에서 차이가 많이 날 경우에는 각 건판의 크기에 적합한 상자가 필요하다.

이 밖에 요코하마(橫浜) 개항자료관에는 메이지 시대 전기에 사용하던 환등판이 있다. 이것은 유리판으로 처음부터 50매나 100매 단위로 목제 상자에 수납되어 있었다. 이와 같이 이미

---

19) 사진이나 그림을 붙이는 두꺼운 종이 ― 옮긴이.

정리된 사료는 그 형태대로 보존하는 것이 좋다. 유리는 수평으로 눕히는 것보다는 세워놓는 것이 깨질 위험이 적다. 어떤 보존 방법을 사용하더라도 유리 건판을 문서 등과 함께 보존하는 것은 피해야 한다.

② 대지에 붙인 인화 사진

대지에 붙인 인화 사진은 통상 문서 정리 봉투 등에 넣어서 정리하지만, 사진만 정리해서 상자에 넣는 경우도 많다. 봉투에 넣어서 정리할 때는 중성지 등 보존성이 있는 봉투를 사용하는 것이 좋다.

다른 정리 방법의 예로, 요코하마 개항자료관에서는 사진을 첩지(疊紙) 형태로 된 종이 사이에 끼워 넣고 지도 케이스처럼 공간이 넓은 서랍에 수납한다. 물론 용지는 중성지를 사용한다. 미술관 중에는 도쿄(東京) 도 사진미술관(1989년 준비실 및 일부 잠정 개관, 1995년 개관 예정)과 가와사키(川崎) 시 시민박물관에서, 사진관에서 촬영한 것은 아니지만 원본 프린트를 무산성 매트 사이에 한 점씩 끼워 넣고, 몇 매씩 정리하여 무산성 상자에 수납한다. 이들 미술관에서 취급하는 예술 사진은 기본적으로 포토 갤러리 등에서 사용하는 것과 같은 방법으로 보존하므로 경비가 많이 든다.

대지에 붙인 인화 사진에 한정시키면, 사진을 한 장씩 봉투나 첩지 등에 넣고 적당한 매수로 정리하여 상자에 담아서 서

<그림 29> 대지 형식을 사용한 인화 사진의 정리

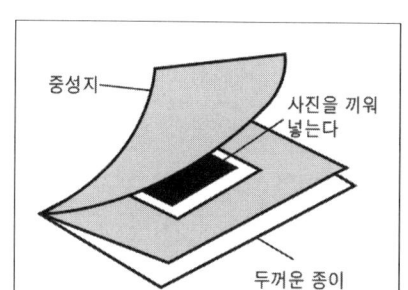

가나 서랍에 수납하면 비용을 줄일 수 있다.

③ 앨범

 앨범은 부피가 큰 것이 많은데, 봉투에 넣을 수 없는 것은 종이에 싸서 정리한다. 그러나 이 상태에서 방치하는 경우가 많아 앨범에 적합한 수납 방법이 필요하다. 요코하마 개항자료관에서는 요코하마 사진 앨범이나 사진가 베아토(F. Beato)의 막부 말기 일본 사진 앨범을 구리 상자에 넣어 정리하는 방법을 검토하고 있다고 한다. 동 자료관의 앨범 사료류는 일본 내에서도 희소한 것이어서 폴 지를 가공한 첩지 형식의 케이스를 특별히 주문하는 등 보존을 위해 여러 가지 방법을 시도하였다. 그 결과, 경비 면에서나 보존성에서 구리 상자를 사용하는 것이 가장 효과적이라고 판단하였다. 앨범은 상자에 넣어서 정리하는 것이 바람직하지만, 경비 등을 고려하여 봉투에 넣거나 종이로 포장하는 것도 가능하다.

　고사진의 현물 정리에는 이상과 같은 방법이 있다. 그런데 사진을 보존하는 데 특히 문제가 되는 것은 습기이다. 곰팡이로 인한 열화의 위험이 크기 때문에 정리된 사진은 온·습도가 일정하게 유지되는 환경에서 보존할 필요가 있다.

　참고로 개관을 앞둔 도쿄 도 사진미술관에서는 수장고의 온도는 19℃±0.5℃, 습도는 45%±5%로 유지할 계획이다. 이러한 수치는 외국의 데이터를 채택한 것으로 그대로 적용해도 괜찮을지에 대한 판단은 앞으로의 과제이다. 가와사키 시 시민박물관에서는 온도는 20℃±1.2℃, 습도는 50%±10%를 유지한다고 한다.

(3) 복사를 통한 고사진의 정리

　고사진은 현재 복사를 통해 수집하는 경우가 많다. 고사진을 복사하는 이유는 크게 두 가지가 있다. 첫째, 현물 사진을 수집할 수 없는 경우에 이를 대신해서 복사한 사진을 수집하기 위해서이다. 말하자면 대체 사료를 만드는 것이다. 둘째, 사진 활용에 필요한 이차적 정보를 제공하기 위해서이다. 양자는 성격을 달리하지만, 복사를 통해 고사진을 정리할 때는 두 가지 측면을 모두 고려해야 한다. 다음에 정리의 구체적인 예를 들면서 기술하겠다.

① 복사 촬영

고사진을 복사할 때는 카메라를 고정하고 조명을 이용하여 근접 촬영한다. 상세한 복사 기술은 전문서적을 찾아보기 바란다(권말 참고문헌 참고). 여기에서는 독자적으로 복사를 하는 경우에 주의할 점 두세 가지를 소개한다.

복사 대상은 흑백사진이므로 흑백의 대비 및 초점을 잘못 맞추는 것을 가장 경계해야 한다. 퇴색 등으로 인해 사진의 흑백 대비가 확실하지 않은 경우에는 렌즈에 필터를 끼우고 촬영한다. 초점은 촬영 시 셔터 스피드를 늦추면서 조리개를 조절하여 맞추는 것이 바람직하다. 근접 촬영 렌즈도 가능하

<그림 30> 복사 촬영하는 모습

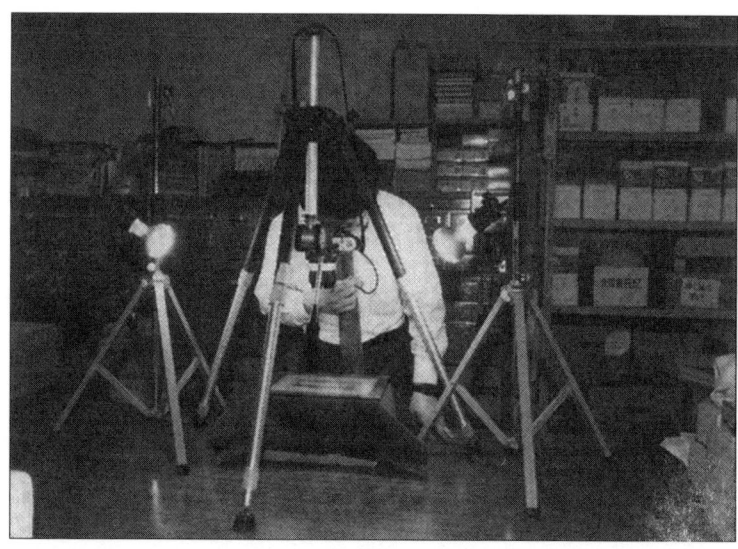

면 정밀도가 높은 것이 좋다. 최근에는 자동 초점(auto focus) 카메라가 널리 보급되었지만, 수동 촬영이 가능한 카메라가 안전하다. 수동 촬영이 가능하다면 셔터 스피드와 조리개 값을 적정 수치와 그 전후 수치로 바꾸면서 세 번 정도 촬영하여 실패를 방지한다.

그 밖에 조명을 사용하면 반사로 인해 빛이 들어가는 경우가 있는데, 이때는 무반사 유리를 피사체 위에 놓고 촬영하는 것이 좋다. 또한 원본 사진을 그대로 촬영하는 것뿐만 아니라 부분 촬영하여 좀더 상세한 정보를 기록하는 것도 가능하다.

이러한 몇 가지 사항에 주의한다면 자체적으로도 복사 촬영이 충분히 가능하다. 이런 경우에 통상적으로 35mm 필름을 사용한다. 미술관·박물관 등에서는 외주 작업을 맡기는 곳이 많다. 외주 작업에서는 브라우니(Brownie) 사이즈[20]같이 크기가 큰 필름을 사용한다. 35mm 이상의 사진도 세부까지 촬영되므로 기록·보존하기에 좋기 때문이다. 교통박물관의 이와사키·와타나베 컬렉션, 도쿄 도 사진미술관, 가와사키 시 시민박물관, 요코하마 개항자료관은 모두 브라우니 사이즈로 외주 작업을 한다. 단, 외주는 경비가 소요되며, 좀더 간편한 방법으로 복사를 마치려면 35mm 필름으로 촬영해도 큰 문제는 없다고 생각된다.

---

20) 가로 6cm, 세로 9cm의 크기 — 옮긴이.

② 네거티브 필름의 정리

　네거티브 필름(negative film)은 시중에 판매되는 네거티브 앨범이나 네거티브 시트 등으로 정리한다. 시판용 네거티브 앨범에는 네거티브 필름만을 수납하는 파일 형식과 네거티브 필름과 베타(Beta) 사진21)을 수납하는 형식이 있으며, 모두 부책 방식으로 되어 있다. 네거티브 앨범에는 기록란이 있어 정리하기 쉽다는 장점이 있지만, 부책의 두께가 있으므로 대량의 네거티브 필름을 정리하기에는 적절하지 않다.

　네거티브 시트는 네거티브 필름 1피스(35mm 필름의 경우 6컷)마다 비닐 시트 안에 파라핀 종이가 들어 있는 것을 말한다. 주로 사진관에서 사진을 현상할 때 받는 용기를 이용한다. 파라핀 종이를 이용한 네거티브 시트는 35mm 필름용의 경우에 36매 촬영분 모두를 정리할 수 있다. 파라핀 종이 뒤에 덧댄 형태로 조금 두꺼운 종이가 들어 있다. 콤팩트에 수납할 수 있어 대량의 네거티브 필름 정리가 가능하다. 하지만 네거티브 시트에 넣은 네거티브 필름은 사진부를 볼 수 없기 때문에 사진 관련 기록을 기입하는 등 검색 수단을 강구할 필요가 있다. 베타 사진을 파라핀 종이에 붙이는 방법도 생각할 수 있다.

　최근에는 사진관에서 비닐 시트를 사용하기 때문에 네거티브 시트도 비닐 제품으로 대체되고 있다. 비닐 시트에는 철할

---

21) 밀착 인화 사진, 35mm 필름 한 통 전체를 인화지 한 장에 밀착 인화한 것 — 옮긴이.

수 있도록 구멍이 보통 2개씩 뚫려 있으므로 이를 이용해서 파일을 만든다.
　캐비닛에 수납할 때는 폴더에 철하여 정리하는 것이 좋다. 이 경우에 수납력은 좋지만, 데이터를 기록하는 공간을 마련할 필요가 있다. 파일이나 폴더마다 표제를 붙이는 것은 기본이다. 그 밖에 필름 한 컷 한 컷의 데이터를 비닐 시트 위에 기록하는 방법, 봉인지에 데이터를 기록해서 첨부하는 방법, 파일이나 폴더에 기록란을 설정해서 대조하게 하는 방법 등 가능한 방법을 모색해야 한다.
　브라우니 사이즈의 네거티브 필름은 가와사키 시 시민박물관이나 도쿄 도 사진미술관 등 미술관 계통에서는 시판되는 간이 파일에 한 매씩 넣어서 정리하고 있다. 또한 요코하마 개항자료관에서는 인화 사진과 함께 파일에 넣어 정리한다. 파일에는 번호를 부여하여 기록 카드나 대장과 대조할 수 있게 하였다.
　시판용 앨범이나 파일을 이용한 정리 외에 네거티브 필름을 1컷씩 따로 시트에 넣고 카드와 마찬가지로 캐비닛이나 상자에 수납하여 정리하는 방법도 있다. 예를 들면 NHK 데이터 정보부에서는 촬영한 사진의 네거티브 필름을 한 컷씩 잘라서 각각 비닐 봉투에 넣고 번호를 부여하여 관리한다.
　교통박물관에서는 복사한 네거티브 필름이나 사진 전시회 개최 등을 통해 수집한 네거티브 필름을 역시 한 컷씩 파라핀 종이에 넣고, 10매 단위로 양형(洋型) 봉투에 넣어 정리한다. 이와 같은 방법은 특히 언론 매체에서 많이 이용한다. 사이타마 현립문서관에 기탁된, 사이타마 신문사의 종전 직후 사진에 대한 네거티브 필름도 한 컷씩 봉투에 담겨 있다.

③ 인화 사진의 정리

복사한 사진은 인화하여 보존·활용하게 된다. 인화 사진은 시판용 앨범으로 정리하는 방법 외에 봉투나 카드를 만들어서 정리하는 방법을 고려할 수 있다.

시판용 앨범에는 PL 앨범, 포켓 앨범(파일) 등이 있다. PL 앨범은 접착제가 도포된 바탕지 위에 사진을 올려놓고 투명한 필름으로 둘러싸는 것으로, 보존 측면에서는 그다지 좋은 방법이라고 할 수 없다. 바탕지의 두께가 있고 부책 방식이어서 대량의 사진을 정리하기에는 적합하지 않다. 또한 장기간 보존하면 사진이 바탕지에 붙어서 떼어내기 어려워지는 문제가 있다. PL 앨범은 귀중한 사진 등 이용에 제한이 있는 사진을 4등분 또는 6등분으로 부분 촬영하고 확대 인화하여 열람에 제공할 경우에 적당하다.

이에 비해 포켓 형식의 앨범이나 파일은 부책 방식이긴 하지만 바탕지가 없어서 두껍지 않다. 또한 사진을 붙이지 않고 그대로 넣어두는 것이므로 교체하거나 이용하기에 편리하다. 단, 시판용 앨범이나 파일을 이용할 경우에 기록란이 충분하지 않은 것이 있으므로 번호를 부여하여 네거티브 필름이나 대장과 대조하게 하는 방법 등을 연구할 필요가 있다.

이용·활용을 우선한 정리에는 인화된 사진을 기록란이 인쇄된 봉투에 한 장씩 넣고, 카드를 작성해서 봉투에 첨부하여 가드 캐비닛(guard cabinet)에 수납하는 방법이 있다. 보존기관에서 독자적인 기록 항목을 만들어, 그것만으로 사진에 관한 기록을 알 수 있게 하려는 것이다.

봉투를 이용한 정리는 기록란에 내용을 기재하고, 봉투에 사진을 넣은 다음, 분류 항목에 따라 캐비닛에 수납하는 순서로 이루어진다. 봉투를 이용한 정리는 사진의 보존과 이용만을 생각한다면 적절한 방법이지만, 봉투 안에 사진이 들어 있기 때문에 사진을 보려면 그때마다 봉투에서 꺼내야 한다는 불편이 있다. 요코하마 개항자료관에서는 그림엽서를 이용하여 사진을 정리한다. 봉투 대신 간단한 첩지 형태에 사진을 끼워넣는 방식으로, 종이를 넘기면 바로 사진을 볼 수 있다. 사진이 손상되지 않는 것을 전제로 이용할 수 있게 하였다.

카드를 이용한 정리는 어느 정도 두께가 있는 용지에 기록란을 인쇄해서 기록을 남기고 사진을 붙인 다음, 분류 등에 따라서 캐비닛에 수납하는 방법이다. 보존 측면에서는 사진을 카드에 직접 접착제로 붙인다는 점에서 문제가 되지만, 활용 측면에서는 효과가 있다. 카드를 이용한 정리 방법은 도쿄 도 사진미술관이나 가와사키 시 시민박물관 등 미술관 계열에서 주로 사용한다. 그 밖에 교통박물관에서도 이와사키·와타나베 컬렉션을 카드 대장으로 정리하였다. 카드는 그 형질을 충분히 고려해야 한다. 카드의 두께는 너무 두껍지도 않고 너무 얇

<그림 31> 그림엽서를 이용한 인화 사진의 정리(요코하마 개항자료관)

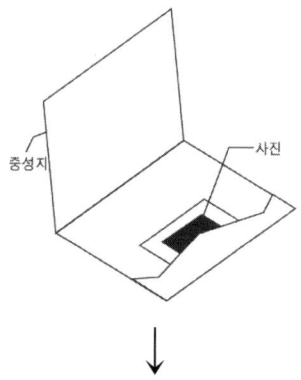

(표지)

표제				분류번호	
원자료번호	촬영자		컬러·흑백	전체·부분	필름번호
	촬영 연월일				
	필름 사이즈				
연대		경과			
실제 치수		소재			
비고					

요코하마 개항자료관

지도 않은 것, 크기는 B5나 A4 정도가 좋다.

사진에 관해 기록할 내용에는 촬영 장소, 촬영 연월일, 촬영자, 피사체에 관한 정보를 비롯하여 복사 여부, 원사진의 소장자 등의 항목이 포함된다. 네거티브 필름이 수납된 앨범이나 파일의 번호도 항목으로 설정한다. 항목란은 봉투나 카드를 이용하여 작성하면 되지만, 문제가 되는 것은 분류이다. 봉투나 카드를 캐비닛에 수납할 때는 입수 순서대로 또는 소장자별로 수납할 수도 있지만, 사진을 분류해서 수납하는 것이 이용 측면에서 효과적이다.

사진을 분류하기에 앞서 분류 항목에 관해서 충분히 검토할 필요가 있다. 사진은 여러 가지 분류가 가능하지만, 방법에 따라서는 검색이 불편하여 이용하기 어려운 것도 있다. 또한 한 장의 사진이라도 다양한 방식으로 접근할 수 있고, 사람에 따라서도 분류가 달라지기 때문에 항목을 만드는 데 어려움이 있다. 지역문서관에서는 지역성을 고려하여 분류 항목을 만들 필요가 있다. 어떤 관점에서 지역에 접근할 것인지 구상을 정립해야 한다.

분류는 본래 어떤 방법을 사용하든 간에, 몇 가지 검색 수단을 통해 원하는 자료를 찾을 수 있으면 되는 것이다. 분류 항목은 가능한 한 중복되지 않게 하는 것이 좋다. 예를 들면 도쿄 도 고다이라(小平) 시립도서관에서는 향토사진 자료를 정리하기 위해 독자적으로 분류 항목을 만들었다. 알파벳순으로 대항목을 만들고, 자세하게 분류할 때는 알파벳에 아라비아숫자를 붙여서 소항목을 만들었다.

④ 대장의 정리

복사 사진을 정리할 때는 사진 소장자 대장, 네거티브 필름 대장, 인화 사진 대장 등을 정비해둔다. 대장은 사진 관리에 필요하다. 기관에 따라서는 앞에서 다룬 사진 카드를 대장으로 사용하는 경우도 있지만, 그것은 사진 한 장 한 장에 대한 대장이다. 여기에서 말하는 대장은 소장자, 네거티브 필름, 인화 사진 전체를 파악하기 위한 것이다. 도코로자와(所澤) 시 시사 편찬실을 예로 들어 설명하려고 한다.

도코로자와 시 시사 편찬실에서는 사진과 관련하여 사진 소장자 대장(50음도순), 네거티브 앨범 대장(앨범과 같은 번호순), 사진(사진 카드) 대장(50음도순, 분류별) 등을 작성한다. 고사진을 복사해서 수집하는 경우에 사진 소장자 대장에는 사진 소장자의 데이터와 사진에 관해 들은 내용을 기재한다. 고사진 중에는 문자 기록이 없는 것이 많지만, 소장자에게 사진에 관한 정보를 듣고 기록한다.

도코로자와 시에서는 대장에서 소장자의 이름이나 주소 등 일부분을 복사할 때 타깃을 시작으로 하여 촬영하고, 그 컷 뒤에 고사진을 복사한다. 복사한 사진을 현상한 후에는 네거티브 앨범에 넣어 정리한다. 이때 네거티브 앨범 대장에 각각

<그림 32> 도코로자와 시사 편찬실의 사진 정리 순서

항목	설명
① 촬영·복사	시사 편찬을 위해 고문서, 풍경, 민속 관습, 연중 행사 등을 촬영하고, 고사진을 복사한다.
② 사진 소장자 대장 기입	사진을 복사한 경우에 사진의 내용이나 관련 정보를 듣고 기록한다. 원래 사진 소장자의 성명, 주소 등도 기입한다.
③ 네거티브 필름 정리	네거티브 필름 및 베타 사진을 네거티브 앨범으로 정리한다. 네거티브 앨범은 내용으로 구분한다. 고사진을 복사한 사진은 '고사진의 복사'라는 표제의 네거티브 앨범에 넣어서 정리한다. 네거티브 앨범은 복사 연월일과 소장자 성명 등 필요한 사항을 기입하여 파일링 캐비닛에 수납한다.
④ 네거티브 필름 대장 기입	네거티브 앨범 대장에 내용을 기입한다.
⑤ 확대	네거티브 필름 중에 필요한 것은 카비네 판으로 확대한다. 확대한 사진은 네거티브 앨범 대장의 해당 컷에 별(★) 모양의 도장을 찍어 이미 확대했다는 표시를 한다.
⑥ 사진 카드에 첨부	인화된 사진은 카드에 첨부하고 제목, 네거티브 앨범의 수납 번호, 촬영(복사) 연월일, 촬영자 등을 기입한 뒤 분류 기호를 부여한다. 복사한 사진은 제목 옆에 별(★) 모양의 컷 도장을 찍는다. 특히 네거티브 필름을 빌려서 인화한 사진은 필름의 소장자와 소재, 연락처를 명기한다. 복사한 사진은 원사진의 소장자와 소재, 연락처를 명기한다.
⑦ 사진 대장에 기입	오십음도별 사진 대장, 분류별 사진 대장에 기입한다. 분류 번호를 부여한다.
⑧ 사진 카드의 수납	카드 캐비닛에 분류별로 수납한다.
⑨ 사진 이용	대장을 이용하여 검색하고, 네거티브 앨범과 사진 카드로 확인한다. 사진을 대출할 경우에는 대출 대장에 기입한다. 게재나 전시·이용의 경우에는 사진 촬영자나 원본 사진 소장자 등의 승낙이 필요한지 확인하고, 승낙이 필요한 경우에는 해당 개인의 주소·전화번호를 알려준다.

의 컷에 무엇이 찍혀 있는지 기록한다. 카비네(cabinet) 판22)으로 확대한 것은 구분 표시를 해둔다. 네거티브 앨범 대장은 1권의 대장으로 200매 정도 되는 앨범의 내용을 알 수 있도록, 앨범 1권 분량의 데이터를 B4 크기의 용지에 기재하여 철한 것이다. 그러나 네거티브 필름의 내용은 대장보다는 사진 자체를 통해 확인하는 경우가 많기 때문에 네거티브 앨범 대장의 필요성은 그렇게 높지 않다.

이에 반해 사진 대장은 사진 검색에 상당히 편리하고 활용 빈도도 높다. 도코로자와 시에서는 네거티브 필름 중에서 확대한 것은 기록란이 있는 사진 카드에 첨부하고 분류별로 캐비닛에 수납한다. 사진 카드는 사진의 제목과 분류 기호 및 번호를 적도록 되어 있고, 카드에 기입한 내용에 따라 50음도와 분류별 사진 대장에 기재한다. 사진 카드는 일만 매에 달하기 때문에 검색하는 데 어려움이 있으므로 사진 대장을 검색 수단으로 이용한다.

흑백사진 이외의 사진류도 대장을 작성한다. 예를 들면 슬라이드 사진은 리버설(Reversal) 필름 대장(50음도, 분류별), 마이크로필름은 마이크로필름 대장(일련번호순)이 있다. 이들 대장은 사진 자료 전체의 기록인 동시에 검색 수단으로도 활용되므로 앞으로는 대장의 자료를 컴퓨터에 입력하여 신속하게 사진을 검색할 수 있도록 하는 것이 바람직하다.

---

22) 가로 11cm, 세로 16.2cm 크기 — 옮긴이.

(4) 사진 자료 수집 방법

 지금까지 기술한 사진 정리의 문제는 지역에 남아 있는 제사료를 수집하는 과정에서 사진이 같이 수집될 경우에 어떻게 취급할 것인가라는 차원의 문제였다. 그러나 사진은 이미 그 자체로서 가치 있는 사료인 것도 많고 영상 기록으로 남겨야 할 것도 있다. 따라서 수집한 제가문서 중에 포함된 사진으로서가 아니라 지역문서관이 수집할 대상 사료의 하나로서 사진 자료에 대한 수집 기준을 세워 대처해야 한다. 수집하는 입장에서는 입수 체제대로 체계화할 필요가 있다.

 여기서는 사진 정리에 관한 내용의 마지막에 덧붙여서 사진 자료의 수집 방향에 관하여 고다이라 시립도서관에서 수행하는 '향토사진 자료 수집·보존사업'의 예를 간단하게 소개한다. 사진 자료의 수집·정리에 참고하기 바란다.

 고다이라 시립도서관에서는 『향토사진 자료 수집·보존사업의 길잡이』를 작성하여 사진 자료의 수집 목적과 구체적인 방법에 관해서 상세하게 설명하였다. 이에 따르면 동 도서관의 사진 자료 수집사업은 수집·보존·이용·홍보라는 네 가지 목표를 세워 실시된다. 특히 사진 수집에 관해서는 작업을 촬영, 제공, 복사의 세 가지로 나누었다.

 요컨대 제공은 시민의 현물 사진 제공(기증, 기탁)과 홍보과 등 시 청사 내에서의 이관 등이 있고, 복사는 기존의 고사진을 복사하여 수집하는 것을 말한다. 재미있는 것은 '촬영'이라는 항목이 있다는 점이다. 도서관에서 자체적으로 현황을 촬영하여 기록한다는 것이다. 여기에는 시내에 장소를 정하여 매년 같은 시기에 촬영하는 정점(定點) 촬영과 자연, 건물, 행사, 일상생활, 역사라는 다섯 개의 주요 테마에 기초해서 5

<그림 33> 고다이라 시립도서관 향토사진 수집·보존사업 체계도

		사업	구체적 내용	실시 주체	실시기간	비고
향토사진자료	수집	촬영	·주제별 사진 촬영사업 ·정점 촬영사업	·자연, 건물, 행사, 일상생활, 역사(총집)의5개 중심 주제를 기초로 촬영 ·시내 정점 210개소 촬영	각 도서관 시 직원(사진부)	연 중 10~11월	사업 계획은 별도
		제공	·시민의 사진제공 ·다른 부서에서 사진제공	·향토사진자료의 수집(직접 방문 포함) ·홍보과 등 다른 부서에서 소장한 기존 사진의 양수(讓受)	각 도서관 喜平도서관	연 중 수시	
		복사	·기존 사진 및 제공 사진 복사	·특별히 필요한 향토사진자료 복사	喜平도서관	연 중	
	보존	분류	·분류 기준표에 따른 분류사업	·기준표(56.10.1판)에 따른 분류 및 정리	喜平도서관	연 중	
		보존	·새로운 보존방법을 통한 정리·보존	·원부, 분류표 기록 및 네거티브 필름의 정리	喜平도서관	연 중	
	이용	전시	·고다이라 시립도서관 주최 사진전 개최	·원칙적으로 주제별 사진 촬영사업 실적 중에서 출품 및 기획·실시	각 도서관 喜平도서관	1~4월	사업 계획은 별도
		대출	·희망 단체, 홍보과 등에 대출	·희망자의 요청이 있거나 시보 게재 등에 필요할 때 대출 협력	喜平도서관	수시	
	홍보	홍보	·시보, 팜플렛 등을 통한 PR	·시보, 도서관 관보, 포스터, 팜플렛 등을 통한 PR	각 도서관 喜平도서관	수시	

— 각 향토자료연구회에 참가(미타마 향토자료연구회, 도쿄 도 공립도서관 향토자료연구회)
— 사진사업 담당자 회의 개최 등

동관『향토사진 자료 수집·보존사업의 길잡이』에서 인용

<그림 34> 고다이라 시립도서관 사진 자료 정리의 흐름

	항목	설명
수집·선정	① 촬영·복사	사진 자료 수납보존사업 체계의 '수집' 부분에 해당하는 테마별 촬영사업, 정점 촬영사업, 시민이 제공한 사진의 복사 등.
	② 인화 사진, 네거티브 필름	인화 사진과 네거티브 필름은 정리해서 '정리표'를 붙이고, 봉투에 일시 보관한다.
	③ 선정	향토 자료로서 적당한 사진을 선정한다.
	④ 선정위원회	사진의 선정을 위해 전문가로 구성된 위원회를 설치(예정)한다.
네거티브 필름의 정리	⑤ 네거티브 필름 선정	불필요한 네거티브 필름은 폐기하고, ③에서 선정한 인화 사진과 네거티브 필름을 일치시킨다.
	⑥ 네거티브 필름 분류	인화 사진의 분류에 따라 네거티브 필름을 함께 분류한다.
	⑦ 수납	②의 정리용 봉투에서 네거티브 전용 앨범으로 사진을 옮겨 수납·보존한다.
인화 사진의 정리	⑧ 분류	'분류표'에 따라 분류 및 정리한다.
	⑨ 분류표 첨부	인화 사진의 뒷면에 '분류표'를 첨부한다. 사진 자료는 번호를 부여하고 사진에 관한 여러 정보를 기재하여 목록 카드를 작성한다.
	⑩ 수납	기존의 목록 카드 케이스에 수납한다. (건명별) 목록 카드 작성이 가능하다.
컴퓨터 도입 (준비)	⑪ INPUT 용 연락표	원부(INPUT용 연락표)에 여러 정보를 기입하여 코드화한다.
	⑫ INPUT	적절한 프로그램을 이용하여 ⑪에서 작성한 연락표의 데이터를 입력한다.
	⑬ OUTPUT	⑫에서 입력한 데이터를 이용하여 컴퓨터로 다양한 목록(연대별, 지역별, 항목별, 기타)을 작성한다. 정보 처리 → 이용.
	⑭ 이용	정리한 인화 사진에 대출 시스템을 적용시켜 공개·활용한다.

년마다 촬영하는 테마별 촬영이 있다. 동 도서관에서는 사진 자료를 지역에 대한 영상 기록으로서 종합적으로 파악하고, 단순히 기존의 사진을 수집·보존하는 것뿐만 아니라 도서관 스스로 기록의 매체가 되고 있다.

수집한 사진은 정리표에 정해진 양식에 따라 필요한 데이터를 기입한다. 그 후에 인쇄 사진은 도서관에서 독자적으로 작성한 분류 기준표에 따라 분류하고, 분류표와 함께 카드 상자에 넣어 정리한다. 이 밖에 동 도서관에서는 주민의 이용을 생각해서 컴퓨터에 입력 작업도 하고 있다.

도코로자와 시의 경우, 사진 자료가 지역 수집 자료의 하나로서 확실하게 자리매김한 것이 다른 사료 보존이용기관에서 볼 수 없는 특징이다. 이 곳의 체계적인 수집·정리 방법은 배울 점이 많다.

참고자료

고문서 등의 수집과 정리에 관한 설문조사

본 위원회에서는 연구활동의 일환으로 각 기관별 고문서 등의 수집·정리 활동 실태 조사를 1990년 2월 12일에 실시하였다. 대상 기관은 사이타마 현의 전체 92개 시정촌(본 위원회의 회원 시정촌은 회원 기관, 비회원 시정촌은 고문서 등의 수집·정리를 주로 담당한다고 생각되는 부서) 및 전국의 역사자료 보존이용기관(전국 역사자료 보존이용기관 연락협의회 기관 회원에서 추출) 58개, 합계 150개 기관이다. 응답한 기관은 모두 107곳이었고, 응답율은 71%였다. 본문을 이해하는 데 참고가 되기 위해 설문조사 서식을 게재한다.

문서수집·정리 설문조사

응답 기관명 :
　담당자 :
　연락처 :

아래의 질문사항에 대해 해당하는 번호에 ○표 하시고, 구체적인 답변이 필요한 사항은 기입해주십시오.

1. 사료 수집에 관하여

1. 수집 전 단계에서 어떤 작업을 합니까?(복수 응답 가능)
   ① 홍보지 등을 통해 언론 기관에 홍보
   ② 설문지 배포
   ③ 옛날에 관공서에서 관리로 근무한 가문 조사
   ④ 주변 시정촌 및 관계 기관 등을 조사
   ⑤ 기타(구체적으로 설명해주십시오)

2. 편찬사업이나 지역문서관의 계발·보급을 위해 어떤 일을 합니까?(복수 응답 가능)
   ① 강좌를 연다.
   ② 사료를 전시한다.
   ③ 홍보지 등에 연재물을 게재한다.
   ④ 기타(구체적으로 설명해주십시오)

3. 수집 기준을 설정하였습니까?
   ① 예   ② 아니오

4. 수집 대상은 누구입니까?
   ① 전체 가구
   ② 어느 정도 공직 경험이 있는 사람
   ③ 소문이 나거나 소개를 받은 곳
   ④ 기타(구체적으로 설명해주십시오)

5. 어느 시점의 사료까지를 수집합니까?
   ① 근세기(에도 시대)의 사료까지

② 메이지 시대의 사료까지
③ 다이쇼 시대의 사료까지
④ 전쟁 전의 사료까지
⑤ 기타(   )

6. 수집 시 주의하는 점은 있습니까?(복수 응답가능)
   ① 조사원의 신분 증명서를 준비한다.
   ② 사전에 정내에서 조사를 하는 취지를 알린다.
   ③ 자료의 차용 증서 등 서류를 준비한다.
   ④ 기타(구체적으로 설명해주십시오)

7. 수집 시 사료의 원질서를 보존하기 위해 신경을 씁니까?
   ① 사료가 소장된 상태를 사진이나 기록으로 남겨 언제든지 원상태로 복원할 수 있게 수집한다.
   ② 특별히 소장된 상태를 사진이나 기록으로 남기지는 않지만, 정리된 상태는 가능한 한 손상시키지 않으려고 노력한다.
   ③ 운반이나 정리하기 편리한 형태로 분류한다.
   ④ 소장자의 의향이 있으면 그것을 존중하지만, 그렇지 않은 경우에는 특별히 신경쓰지 않는다.
   ⑤ 기타(구체적으로 설명해주십시오)

8. 사료는 어떠한 방식으로 수집합니까?
   ① 편찬기간 중에만 차용한다.
   ② 정리가 종료될 때까지 차용하고, 종료되는 대로 반환한다.
   ③ 1개월이나 2개월 등 기간을 정하여 빌려온다.
   ④ 소장자의 의향에 따라 기증·기탁·차용 중 어떤 것에도 대응할 수 있다.

⑤ 기타(구체적으로 설명해주십시오)

2. 사료군 전체의 정리에 관하여

1) 카드 작성 등 정리에 필요한 정보에 대하여

(1) 사료군명을 작성하는 방법
1. 사료군명은 어떻게 작성합니까? 다음에서 작성 방법을 선택하고, 구체적인 예를 하나씩 기입해주십시오.
   ① 지구명[촌명, 대자(大字)명] + 성씨 (예   )
   ② 지구명 + 호주명(조사 시점) (예   )
   ③ 지구명 + 관직명 + 성씨 (예   )
   ④ 기타 (예   )

2. 가문 전래 문서·수집 문서·구유 문서 등과 같이 문서의 성격에 따라 명칭을 구별합니까?
   ① 예(구체적인 예:)   ② 아니오

(2) 연대 취급 방법
1. 상월, 극월, 삭일 등은 사료에 쓰여진 그대로 기입합니까?
   ① 예   ② 아니오

2. 간지를 기입합니까?
   ① 모두 기입한다.
   ② 원호가 없는 경우에만 기입한다.
   ③ 기입하지 않는다.   ④ 기타(   )

3. 서력을 기입합니까?
   ① 예   ② 아니오

4. 관청 체류기, 일기 등과 같이 오랜 기간에 걸쳐 작성된 사료의 경우에는 어떤 연호를 사용합니까?
   ① 표지의 연호
   ② 내용에서 가장 새로운 연호
   ③ 내용에서 가장 오래된 연호
   ④ 기타(   )

5. 사본에서 원문서의 연호와 사본의 연호가 분명하게 나와 있는 경우, 어떤 연호를 사용합니까?
   ① 원문서의 연호   ② 사본의 연호
   ③ 기타(   )

6. 연도가 나와 있지 않은 경우에 추정 연대를 어떻게 기입합니까?
   ① 연월일의 기입란에 괄호 안에 기입한다.
   ② 연도가 없음을 밝히고, 비고란에 추정 연호를 기입한다.
   ③ 기타(   )

(3) 번호 부여 방법
1. 사료는 어떠한 순번으로 번호를 부여합니까?
   ① 소장 시 또는 수집 당시, 용기 등에 붙어 있던 번호에 따라서 사료에 번호를 부여한다.
   ② 내용이나 형태별로 분류하여 번호를 부여한다.
   ③ 연대순으로 나열하여 번호를 부여한다.

④ 정리순으로 같은 번호를 부여한다.
⑤ 기타(구체적으로 설명해주십시오)

2. 일련번호를 사용합니까?
① 사료 한 점 한 점에 모두 번호를 부여했으므로 사용하지 않는다.
② 일괄적인 것은 일련번호를 부여한다.
③ 기타(구체적으로 설명해주십시오)

(4) 표제(부제) 부여 방법
1. 표제(부제)는 어떻게 정합니까?
① 표지나 첫번째 행을 그대로 취한다.
② 내용에서 취한다.
③ 기타(구체적으로 설명해주십시오)

(5) 발신인(발신처)·수취인(수신처)의 취급 방법
1. 발신인과 수취인은 어느 단계부터 씁니까?
① 문서에 나와 있는 대로 쓴다.
② 다음 단계부터 쓴다(적당한 것에 ○표를 해주십시오).
국가명부터( )   군명부터( )
촌명부터( )   직함부터( ) 이름만( )
③ 기타( )

2. 복수인 경우에는 어떻게 합니까?
① 문서에 나와 있는 대로 전부 쓴다.
② 몇 사람의 이름을 쓰고, "○○ 외 몇 사람"이라고 쓴다.
· 몇 사람까지 이름을 씁니까? (인)

・어떤 이름을 취합니까?(적당한 것에 ○표를 해주십시오)
  <발송인>
  첫번째 사람, 문서 소장 가문과 관련된 인물,
  마지막 사람, 당사자, 기타
  <수취인>
  첫번째 사람, 문서 소장 가문과 관련된 인물,
  마지막 사람, 당사자, 기타
③ 기타

3. 오서나 이서 등이 있는 경우나, 문서가 몇 사람의 손을 거친 경우(예를 들어 당사자 → 촌역인 → 대관소)에는 어떻게 표기합니까?(구체적으로 기입해주십시오)

(6) 형태 분류 방법
1. 문서의 형태를 어떻게 분류합니까? 사용하는 형태 분류 항목 모두를 기입해주십시오. 근세와 근대 이후로 형태 분류를 구별하는 경우에는 구분하여 써주십시오.

(7) 수량
1. 수량 표기를 합니까?
  ① 예   ② 아니오

2. 수량을 표기하는 경우, 문서에 따라서 표기의 단위를 바꿉니까? 바꾸는 경우에는 구체적인 예를 적어주십시오(예를 들어 한 장의 경우 1매, 책의 경우 1책).
  ① 바꿉니다(   ).   ② 바꾸지 않습니다.

(8) 비고란

1. 비고란을 설정하였습니까? 설정한 경우에는 비고란에 무엇을 기입하는지 구체적으로 적어주십시오.
    ① 있다(   ).   ② 없다.

(9) 조사 연월일

1. 조사 연월일을 기입합니까? 기입하는 경우에는 어떤 연월일을 취합니까?
    ① 기입한다.
        ㉠ 소장 가문에서 조사한 날짜
        ㉡ 소장 가문에게 차용·기탁 혹은 기증을 받은 날짜
        ㉢ 문서를 정리(카드 기입)한 날짜
        ㉣ 기타 (   )
    ② 기입하지 않는다.

(10) 앞에서 언급한 것 외에 다른 항목란이 있는 경우에는 구체적으로 기입해주십시오.

2) 문서에 대한 물리적 정리 방법

(1) 라벨

1. 라벨을 붙입니까? ①, ② 중에 선택하고 아래 사항을 기입해주십시오.
    ① 붙인다.
        · 이유
        · 어떠한 라벨을 사용합니까?
            ㉠ 시판용 도서 라벨(제조사 :   )

ⓒ 독자적으로 작성한 라벨
          (지질 :   풀의 종류 :   )
        ⓒ 기타
      · 라벨은 문서의 어떤 부분에 붙입니까?
        ㉠ 표지나 모두(한 장의 경우)등 제일 눈에 띄는 곳
        ㉡ 뒷면 등 될 수 있으면 눈에 띄지 않는 곳
        ㉢ 문서의 종류에 따라서 다르다(구체적으로 설명해주십
          시오).
      · 원문서에 라벨을 붙이는 것을 어떻게 생각하십니까?
      · 라벨에 기입하는 경우 어떤 필기용구를 사용합니까?
        ㉠ 잉크   ㉡ 볼펜
        ㉢ 연필   ㉣ 기타(   )
  ② 붙이지 않는다.
      · 이유
      · 작업 중 복수의 문서가 혼동되지 않게 하기 위해서 어떤
        방법을 연구합니까?
        ㉠ 항상 보존용 봉투에서 빠지지 않게 한다.
        ㉡ 기타(구체적으로 설명해주십시오).
      · 라벨을 붙이지 않았을 때, 지금까지 어떤 점이 좋지 않았습
        니까?

2. 라벨 첨부에 대한 의견이 있으시면 무엇이든 자유롭게 말씀해
   주십시오.

(2) 문서 보존봉투

1. 문서 보존봉투를 사용합니까? ①, ② 중에 선택하고 아래 사항

을 기입해주십시오.
① 사용한다.
　　·봉투의 크기는 몇 종류를 사용합니까?
　　　㉠ 1종 (크기　　　　　)
　　　㉡ 2종 이상 (　　　　　종류, 크기　　　　　　)
　　·2종 이상의 경우에는 어떤 방식으로 사용합니까?
　　　㉠ 문서의 크기에 맞춰 모두 사용한다.
　　　㉡ 될 수 있는 대로 동일한 크기의 봉투를 사용한다(잘 사용하는 크기 :　　　　).
　　　·이유
　　·봉투의 재질은 무엇입니까?
　　　㉠ 산성지　　　㉡ 중성지　　　㉢ 알 수 없다.
　　·봉투는 어떤 방법으로 이용합니까?
　　　㉠ 문서를 한 점씩 봉투에 넣는다.
　　　㉡ 일괄 문서는 하나의 봉투에 넣는다.
　　　㉢ 기타(구체적으로 설명해주십시오).
　　·봉투에는 어떠한 사항을 기입합니까?
　　　㉠ 카드와 동일한 사항을 기입한다.
　　　㉡ 문서 번호(정리 번호)만 기입한다.
　　　㉢ 기타(구체적으로 설명해주십시오).
　　·봉투에 기입하는 경우, 어떤 필기구를 사용합니까?
　　　㉠ 잉크　　　　　　㉡ 볼펜
　　　㉢ 연필　　　　　　㉣ 기타(　　　　　)
② 사용하지 않는다.
　　·어떤 문서 보존 방법을 사용합니까?
　　　㉠ 문서를 그대로 보존상자에 수납한다.
　　　㉡ 기타(구체적으로 설명해주십시오)

2. 문서 보존용 봉투의 이용에 대해 독자적인 방법이나 의견이 있
으시면 자유롭게 말씀해주십시오.

(3) 문서 보존상자

1. 문서 정리 종료 후 문서 보존상자를 사용합니까?
   ① 사용한다.
      · 사용하는 보존상자는 기성품입니까?
         ㉠ 예 (제조사 :   크기 :   )
         ㉡ 주문한다 (제조사 :   크기 :   )
         ㉢ 기타(구체적으로 설명해주십시오)
      · 상자에 기재하는 내용을 구체적으로 말씀해주십시오.
      · 상자에 기입하는 경우, 어떤 필기구를 사용합니까?
         ㉠ 잉크   ㉡ 볼펜
         ㉢ 연필   ㉣ 기타(   )
      · 문서 보존상자 속에는 어떠한 순서대로 문서를 넣습니까?
         ㉠ 소장 시와 같은 순서대로 넣는다.
         ㉡ 분류 항목별로 넣는다.
         ㉢ 가능한 한 형태가 같은 것을 함께 넣는다.
         ㉣ 기타(구체적으로 설명해주십시오)
      · 문서 보존상자에 어떻게 문서를 넣습니까?
         ㉠ 눕혀서 넣는다.
         ㉡ 세워서 넣는다.
         ㉢ 기타(구체적으로 설명해주십시오)
   ② 사용하지 않는다.
      · 어떠한 형태로 문서를 수납합니까?
         ㉠ 기성 캐비닛을 사용한다.

(제조사 :   상품번호 :   )
ⓒ 주문한 캐비닛을 사용한다.
(제조사 :   상품번호 :   )
ⓒ 기타(구체적으로 설명해주십시오)

2. 문서 보존상자에 대해서 의견이 있으시면 자유롭게 말씀해주십시오.

(4) 카드, 라벨, 봉투 등의 고안
1. 문서 정리에 필요한 카드, 라벨, 봉투 등은 어떻게 고안하였습니까?
   ① 독자적으로 고안하였다.
   ② 타 기관의 것을 참고하였다.
   카드 (기관명   )
   라벨 (기관명   )
   봉투 (기관명   )
   기타 (기관명   )
   　　 (기관명   )

3) 문서 목록 등의 이용을 생각한 정리에 대해서

1. 문서 목록에 게재하는 사료를 제한합니까?
   ① 근세 문서까지로 제한한다.
   ② 근대 문서까지로 제한한다.
   ③ 정리가 종료된 것은 모두 게재한다.
   ④ 기타(구체적으로 설명해주십시오).

2. 분류 항목을 설정하였습니까?
   ① 명문가마다 다른 분류 항목을 설정한다.
   ② 사전에 설정해둔 분류 항목에 문서를 맞춘다.
   ③ 분류 항목을 설정하지 않고, 모든 사료를 편년순으로 배열한다.
   ④ 기타(구체적으로 설명해주십시오).

3. 끈으로 묶여 있는 일괄 사료, 포장지로 싸여 있는 사료, 합책·합철 사료를 어떻게 취급합니까?
   ① 특별한 배려는 하지 않는다.
   ② 일련번호를 사용해서 사료 한 점 한 점의 내용을 알 수 있게 게재한다.
   ③ 일련번호는 사용하지 않지만, 한 점 한 점의 내용을 알 수 있게 게재한다.
   ④ 기타(구체적으로 설명해주십시오)

4. 사료의 내용이 복수의 항목에 관계된 경우에는 어떻게 취급합니까?
   ① 어느 쪽이든 한쪽 항목에 포함시킨다.
   ② 관계된 항목 모두에 포함시킨다.
   ③ 기타(구체적으로 설명해주십시오)

5. 문서 목록을 이용한 열람은 가능합니까?
   ① 가능하다.
   ② 가능하지만 열람시키지 않는다.
      · 이유 :
   ③ 불가능하다.
      · 이유 :

6. 열람시키는 것은 원문서입니까? 그렇지 않으면 복제 사료입니까?
   ① 원문서
   ② 복제 사료(복사본, 마이크로필름, CH, 기타   )
   ③ 원문서와 복제 사료 모두 열람시킨다.
      (원문서 복사본, 마이크로필름, CH, 기타   )
   ④ 기타(구체적으로 설명해주십시오).

7. 열람자가 희망하면 문서의 복제를 허락합니까?
   ① 복사만 가능
   ② 사진 촬영만 가능
   ③ 복사와 사진 촬영 모두 가능
   ④ 복제 불가

8. 작성한 문서 목록을 인쇄·간행합니까?
   ① 예
   ② 아니오
      · 이유
        ㉠ 예산이 부족하기 때문에
        ㉡ 사료의 수량이 간행할 정도가 되지 못하기 때문에
        ㉢ 내부 자료로만 활용하고, 일반 열람은 고려하지 않기 때문에
        ㉣ 기타(구체적으로 설명해주십시오)

9. 문서 목록에 대해서 의견이 있으시면 자유롭게 말씀해주십시오.

10. 수집한 문서를 시정촌사 편찬 이외의 경우에 사회(주민)에 환원합니까? 또는 환원할 예정입니까? 그 이유에 대해 자유롭게

말씀해주십시오.

11. 사료의 정리·이용에 관한 규칙·내규·요항 등을 만들었습니까?
   ① 정리에 관해서는 만들었다.
   ② 이용에 관해서는 만들었다.
   ③ 양쪽 모두 만들었다.
   ④ 양쪽 모두 만들지 않았다.

3. 지도·그림의 정리에 관해서

1. 지도나 그림을 수집합니까?
   ① 문서와 함께 수집한다.
   ② 지도나 그림만 독자적으로 수집한다.
   ③ 수집하지 않는다.

2. 지도나 그림을 정리합니까?
   ① 문서와 함께 정리한다.
   ② 지도나 그림만 독자적으로 정리한다.
   ③ 정리하지 않는다.

3. 지도나 그림의 정리 방법은 문서와 다릅니까?
   ① 예(구체적으로 설명해주십시오)   ② 아니오

4. 지도나 그림의 보존 방법은 문서와 다릅니까?
   ① 예(구체적으로 설명해주십시오)   ② 아니오

5. 지도나 그림의 정리 방법이나 보존 방법에 관해서 의견이 있으시면 자유롭게 말씀해주십시오.

4. **사진의 정리에 관해서**

1) **사진의 수집과 취급에 관해서**

1. 사진 수집과 관련하여 해당하는 항목을 선택해주십시오(복수 가능).
    ① 고사진은 현물을 수집한다.
    ② 고사진을 복사하여 수집한다.
    ③ 적극적으로 수집하지는 않지만 옛날 사진을 가지고 있으면 수집한다.
    ④ 홍보과 등의 사진을 연도를 결정하여 이관 받는다.

2. 고사진과 문서가 혼재하는 경우에 어떻게 정리합니까?
    ① 문서와 함께 있으면, 문서와 함께 정리한다.
    ② 그림엽서나 사진첩은 문서와 함께 정리하지만, 바탕용지에 붙어 있는 사진은 별도로 정리한다.
    ③ 그림엽서나 사진첩을 포함하여 고사진은 별도로 정리한다.
    ④ 사진의 수량 등 상황에 따라서 문서와 함께 정리하는 경우도 있다.
    ⑤ 문서와 옛날 사진이 함께 있는 경우에는 문서만을 정리한다.
    ⑥ 기타(구체적으로 설명해주십시오)

2) 사진(옛날 사진의 복사 이외의 것도 포함)의 정리 방법에 관해서

1. 네거티브 필름은 어떠한 방법으로 정리합니까?(복수 응답 가능)
   ① 베타 인화해서 시판용 네거티브 앨범에 정리한다.
   ② 베타 인화하지 않고 네거티브 시트 등에 넣어서 정리한다.
   ③ 네거티브 대장 또는 목록을 만든다.
   ④ 네거티브 필름은 특별하게 정리하지 않는다
   ⑤ 기타(구체적으로 설명해주십시오).

2. 인화된 사진은 어떠한 방법으로 정리합니까?(복수 응답 가능)
   ① 사진 카드를 작성하고, 여기에 사진을 첨부하여 정리한다.
   ② 정리용 봉투를 만들고 그것에 넣어서 정리한다.
   ③ 시판용 앨범(포켓 앨범 포함)으로 정리한다.
   ④ 인화 사진 대장 내지 목록을 작성한다.
   ⑤ 인화 사진은 특별하게 정리하지 않는다.
   ⑥ 기타(구체적으로 말씀해주십시오).

3. 사진 정리를 위해 분류 항목을 만들었습니까?
   ① 예(구체적으로 말씀해주십시오)   ② 아니오

4. 사진 소장자에 관한 대장을 만들었습니까?
   ① 예   ② 아니오

5. 옛날 사진의 현물 정리용 봉투를 만들었습니까?
   ① 예   ② 아니오

3) 사진집 간행에 관해서

1. 사진집 간행을 고려하고 있습니까?
   ① 이미 간행하였다.
   ② 간행할 예정이다.
   ③ 구체적인 계획은 없지만 고려하고 있다.
   ④ 고려하지 않는다.

5. 서적·간행물의 정리에 관해서

1. 서적·간행물을 정리합니까?
   ① 예
   • 서적·간행물은 문서와 함께 정리합니까, 아니면 별도로 정리합니까?
      ㉠ 문서와 함께 정리한다.
      ㉡ 별도로 정리한다.
      ㉢ 기타
   • 언제까지의 것을 정리합니까?
      ㉠ (   )년경까지
      ㉡ 특별히 결정하지 않았다.
      ㉢ 기타
   • 분류 항목에는 어떤 것이 있습니까?
      ㉠ NDC(일본십진분류법)
      ㉡ 고문서 분류 가운데 하나의 항목으로 정리한다.
      ㉢ 기타

- 카드를 작성할 때 어떤 정보를 기재합니까? 구체적으로 말씀해주십시오.
- 목록을 작성할 때 카드에 기재된 정보를 어느 정도 활용합니까?
  - ㉠ 전부   ㉡ 일부분만
② 아니오
- 이유:

2. 신문을 정리합니까?
   ① 예
      ㉠ 문서와 함께
      ㉡ 별도로
      ㉢ 기타
      - 언제까지의 것을 정리합니까?
         ㉠ (   )년경까지
         ㉡ 특별히 정하지 않았다.
         ㉢ 기타
   ② 아니오

3. 서적·간행물의 정리에 관해서 의견이 있으시면 자유롭게 말씀해주십시오.

참고문헌

 이 책에서 다룬 '사료의 수집과 정리'에 관한 참고문헌은 상당히 많다. 여기에 게재한 것은 그 일부이다. 본 위원회의 연구와 이 책의 집필에 이용한 문헌 가운데 특별히 실무와 관련되고, 비교적 최근에 나온 것을 게재하였다. 고문서학과 역사학 분야에서도 참고할 문헌이 많지만, 지면 관계상 전부를 싣지는 못하였다. 사료 보존에 관한 문헌은 이 책이 대상으로 하는 수집·정리 작업과 직접적인 관계가 있는 것을 게재하는 데 그쳤다. 또한 규정·요령 등은 주로 이미 설립된 문서관의 규정·요령 가운데 수집·정리에 관한 것이다. 규정집·연보 등을 게재하여 내용을 확인할 수 있게 하였다.

【문헌】

安澤 秀一. 1985, 『史料館·文書館學への道―記錄·文書をどう殘すか―』, 吉川弘文館.
大藤修·安藤正人. 1986, 『史料保存と文書館學』, 吉川弘文館.
國文學硏究資料館史料館, 1988, 『史料の整理と管理』, 岩波書店.
木村 礎編. 1974, 『地方史マニュアル 2 文獻資料調査の實務』, 柏書房.
北原 進. 1981, 『近世農村文書の讀み方調べ調査方法』, 雄山閣.
相澤 一正. 1984, 『近代農村文書の讀み方調べ調査方法』, 雄山閣.
大阪府公文書館. 1989, 「地域の歷史調査と資料保存」, ≪大阪Archives誌≫ 特輯號 1.
高野 修. 1981, 「文書館の業務內規の作成と今後の課題」, 『藤澤市文書館紀要』 4.

早坂 八郞. 1988,「史料取扱の法律知識」, 本會 ≪會報≫ 14.
吉田 伸之. 1990,「現狀記錄の方法について」, 房總史料調査會會報 ≪紙漁之友≫ 9.
北原 進. 1991,「地方文書の取扱いについて」, 本會 ≪會報≫ 17.
林 英夫 編. 1974,『地方史 マニュアル 3 文獻資料 整理の 實務』, 柏書房.
日本圖書館協會資料組織化便覽編輯委員會 編. 1975,『資料組織化便覽』, 日本圖書館協會.
遠藤諦之輔. 1987,『古文書修補六十年-和裝本の修補と造本』, 汲古書院.
相澤 元子. 1990,『保存手當ての手引き-文書館資料のために』CAT.
相澤 元子·木部徹·佐藤祐一. 1991,『容器に入れる- 紙資料のための保存技術』, 日本圖書館協會.
全國歷史資料保存利用機關連絡協議會. 1991,「記錄史料の保存と管理」, 『記錄と史料』 2, 特輯號.
鷲塚 硏. 1987,「道立文書館の資料整理について」, ≪硏究紀要≫ 2, 北海道立文書館.
原島 陽一. 1982,「冊子型史料の形態表示について」, ≪史料館硏究紀要≫ 14, 國立史料館.
藤川 永子. 1990,「私の考える 史料保存について」, ≪大阪あ一がいぶず≫ 特輯號 2.
大藤 修. 1991,「近世文書論序說(上)-近世文書の特質とその歷史的背景についての素描」, ≪史料館硏究紀要≫ 22, 國立史料館.
山田哲好,廣瀨陸. 1991,「史料館における史料保存活動」, ≪史料館硏究紀要≫ 22, 國立史料館.
高橋 實. 1974,「近世史料分類について」, ≪茨城縣歷史館報≫ 1.
鎌田 永吉. 1977,「近世史料の分類(國立史料館 ≪史料館硏究紀要≫ 9, 『日本古文書學論集1』(1986, 吉川弘文館) 所收.
藤澤 勇. 1982,「地方文書近世史硏究 —近世史料體系化へ向けて—」(『廣島縣史硏究』 7),『日本古文書學論集12』(1986, 吉川弘文館) 所收.
岐阜縣歷史資料館 第2資料課. 1978,「史料分類整理について」,『岐阜縣歷史資料館報』 2.
日本圖書館協會目錄委員會編. 1989,『日本目錄規則 1987年版, 第8·10·11

章(第1次案)』, 日本圖書館協會.
田中　康雄. 1986, ≪双友≫ 2, 「文書館における近世文書の目錄作成をめ
　　　ぐって―コンピュータ化環境の中での問題點―」, 群馬縣立文書館.
_____. 1990, ≪双友≫ 7, 「文書館における近世文書の目錄作成をめ
　　　ぐって―コンピュータ化環境の中での問題點―」, 群馬縣立文書館.
藤原　有和. 1986, 「『內藤文庫』における近世文書の整理」, ≪大學圖書館
　　　研究≫ 29.
山中　秀夫. 1986, 「近世地方文書の檢索の機械化及ぴその利用」, ≪ビブ
　　　リア≫ 87.
中野美智子(地方史硏究協議會). 1987, 「近世地方史料の整理論の動向に
　　　ついて―所藏目錄作成の立場から―」, 『地方史の新視點』, 雄山閣.
原島　陽一. 1990, 「史料目錄のうつりかわり」, ≪アーキビスト≫ 22(全
　　　史料協關東部會會報).
安藤　正人. 1991, 「記錄史料目錄論」, ≪歷史評論≫ 497.
淸水　靖夫. 1981, 「地圖類の整理と保存の實際」, ≪地圖情報≫ 1-2.
遠藤　龍彦. 1992, 「植民地區畵圖のデータベース化について」, ≪硏究紀
　　　要≫ 7, 北海道立文書館.
長澤規矩也. 1960, 『新編和漢古書目錄法』, 汲古書院.
_____. 1962, 『新編和漢古書分類法』, 自刊.
_____. 1974, 『漢籍整理法』, 汲古書院.
_____. 1974, 『圖解古書目錄法』, 汲古書院.
金子　豊. 1985, 「和古書標準分類法への課題」, ≪大學圖書館硏究≫ 26.
津金　幹彦. 1987, 「古典籍目錄(國寶)の要件」, ≪大學圖書館硏究≫ 30.
國立國會圖書館. 1991, 『新聞の保存と利用 -第二回資料保存シンポジウ
　　　ム 講演集』, 日本圖書館協會.
(株)テック編. 1984, 『寫眞大事典』, 講談社.
小澤　健志. 1986, 『日本の寫眞史』, ニッコールラブ.
日本寫眞文化協會編. 1989, 『寫眞館のあゆみ ―日本營業寫眞史―』, 日
　　　本寫眞文化協會.
酒井　修一. 1985, 「表現と技法　銀板から濕板寫眞へ」, 『日本寫眞全集1,
　　　寫眞　幕』, 小學館.

金井 社男. 1989,「寫眞技術の變遷」,『寫眞集明治の橫浜·東京』, 神奈新
    出版社.
平木 收. 1988,「美術館施設における寫眞の扱いに關して」, ≪川崎市市
    民ミュージアム紀要≫ 2.
荒井 宏子. 1990,「寫眞畵像の保存修復について」, ≪ネットワーク資料
    保存≫ 26, 日本圖書館協會.
澤本 德美. 1984,「寫眞の保存(Ⅱ)-日本における寫眞保存の現狀-」, ≪日
    本寫眞學會誌≫ 47-6, .
吉田 成. 1991,「歷史資料の撮影技術」,『硏究者のための資料寫眞の撮り
    方(鈴木昭夫他)』, 理工學社.

【정기간행물】

國立史料館. ≪史料館報≫(사료의 수집·정리에 관한 문헌은 많은 양을
    수집하였다. 개별 제목은 생략하였지만, 참고한 문헌이 많다).
全國歷史資料保存利用機關連絡協議會. ≪會報≫.
_____ . ≪記錄と史料≫.
同會關東部會會報. ≪アーキビスト≫.
日本寫眞學會. ≪日本寫眞學會誌≫(47-4, 47-6, 48-1~3호에서 사진 보
    존에 대한 글을 연재하였다).

【규정·요령 등】

北海道立文書館. 文書館資料收集基準, 文書館資料寄託要領, 文書館資料
    借入要領. 文書館資料收集會議開催要領, 北海道立文書館資料整理
    要領, 北海道立文書館私文書目錄規程, 古文書解讀筆耕要領.
福島縣歷史資料館. 近世文書の整理法.
栃木縣立文書館. 文書の收集及び管理に關する要綱, 文書の寄贈及び寄
    託收入れ要綱, 文書評價委員設置要綱, 文書館くん蒸器取扱要領.
群馬縣立文書館. 群馬縣立文書館寄託·寄贈受入れ要領, 群馬縣立文書館
    古文書整理要領, 群馬縣立文書館マイクロフィルム撮影要領.
岐阜縣歷史資料館. 岐阜縣歷史資料館寄贈寄託資料取扱要領.

京都府立總合資料館. 資料寄託及び寄付取扱規程.
山口縣文書館. 文書の寄贈・寄託・借用取扱要綱, 收藏文書の整理要領.
德島縣立文書館. 文書館資料の收集及び保存に關する要綱, 寄贈及び寄
　　託收入れ要綱.
藤澤市文書館. 藤澤市文書館における記錄保存についての內規.

편집 후기

　기다리셨던 『제가문서의 수집과 정리』를 발간한다. 1985년 사이타마 현 시정촌사편찬연락협의회에 전문연구위원회가 설치되었다. 제1차·제2차 전문연구위원회에서는 이미 『지역문서관의 설립』, 『행정문서의 수집과 정리』라는 제목으로 연구 성과를 간행하여 각지에서 호평을 받았다.

　1989년도에 발족한 제3차 전문연구위원회는 당초에는 '고문서(사문서)의 수집·정리·보존·활용'이라는 주제를 부여받아 과거의 경험에서 3년간에 걸쳐 연구 결과를 정리하기로 하였다. 이 주제는 이전부터 많은 사람들이 지자체사 편찬 등에서 접한 경험이 있어서 비교적 다루기 쉬운 감도 있었다. 하지만 한편으로는 그만큼 어려운 점도 있었다는 것은 주지의 사실이다.

　주제와 관련해서도 '고문서(사문서)'가 '행정문서'에 대한 용어로서 적절한지, 사유문서·민간자료는 어떻게 할 것인지, 단체문서는 포함해야 하는지 등 다양한 문제가 산적해 있었다.

주제에 관해서 정의는 전회의 반성도 있어, 서서히 좁혀 이번 주제에서 취급하게 되었고 그것을 위해 이미지를 만들 필요가 있어서 일상적으로 가지고 있는 것에서 문제점을 제시하는 것으로 했다. 그 가운데에서 취급 사료나 시대, 비문서인 사진·간행본 취급에서 수집의 철저화 및 정리의 통일화, 수집 사료의 보존과 같은 과제가 있었고, 이러한 해결을 위해 본 주제에서 좁혀간다고 시도하였다.

결국은 주제도 가칭 '민간자료'라고 하고 수집에서 활용까지를 취급하는 것이 되었으며, 토의 중에 수집 및 정리를 언급하는 방향에 대해서 그것에 따라 수집·정리의 두 분과제로 하여 각각 검토하는 것으로 되었다. 첫해에는 5회의 전체 회의와 수 차례의 분과회의가 개최되었다. 대상도 '민간자료'가 '제가문서(가칭)'로 되었고, 이 명칭이 이후에도 사용되었다. 둘째 해 후반에 분과 회의를 중심으로 운영하게 되었고 단체 문서에 대해서는 보존·활용과 함께 별도의 기회에 취급하는 것으로 하였다. 1992년에는 본 회의 명칭이 바뀌면서 구성원의 기운도 고양되고, 각 담당 분야의 원고 작성도 진행되었다. 후반에는 몇 명의 편집위원에게 작업을 위임하였고, 다시 소수의 위원이 편집·교정을 계속하였다. 이로써 이 책이 완성을 보게 되었지만, 그 내용은 결코 만족스럽지 못하다.

제가문서를 포함한 제 사료의 수집·정리에 대한 방법론은 최근 몇 년 동안 크게 발전하였다. 사료군의 질서와 구조를 존중하는 방법론을 통해 구체적인 작업 방법도 종래와는 크게 달라졌다. 이러한 선행 업적에 인도되어 전문연구위원회에서도 연구 활동을 펼쳤지만, 앞서 이룩한 성과를 뛰어넘을 수는 없었다. 오히려 선학이 제창한 내용을 곡해하는 것은 아닌가 하는 두려움이 앞선다. 아직 새로운 사료 수집·정리 방법이 충분히 보급되지는 못하였다. 이 책이 현내 시정촌을 시작으로 각지에서 활동하는 분들에게 다리를 놓아줄 수 있다면 소기의 목적은 달성되었다고 할 수 있을 것이다.

이 책은 시정촌에서 실무를 담당하는 사람들에게 지침서 역할을 할 것이다. 이를 위해 미숙한 점이 많지만, 그림이나 사진을 통해 사례나 시안을 가능한 한 많이 게재하려고 노력하였다. 내용의 일부만이라도 일상 업무를 개선하는 데 도움이 되기를 바란다.

이 책은 『지역문서관의 설립을 향하여』라는 제목 아래, 사료 보존과 이용의 중심이 되는 지역문서관이 각 시정촌에 설립되는 것을 목표로 한다. 그러나 '제가문서의 수집과 정리'는 지역문서관을 설립한 후에야 비로소 시작할 수 있는 것은 아니다. 오히려 그때는 너무 늦다. 편찬실이나 문화재 보호 담당자 등 각 시정촌에서 사료 보존에 종사하는 다양한 사람들이 이 책을 길잡이로 삼아 사료 보존 활동을 더욱더 진전시켜 나간다면 그보다 기쁜 일은 없을 것이다.

마지막으로 설문조사에 협력해주신 여러 관계 기관, 3년 동안 사무국을 담당해온 문서관 직원 여러분, 특히 전문연구위원 여러분의 열의와 노력에 감사드린다. 각 위원이 속한 시정촌에서 특단의 배려를 해주신 것에 대해서도 깊이 감사드린다. 또한 기사협 회원 여러분께 음으로 양으로 많은 지원을 받았다. 이 책이 향후 지역문서관 활동의 기반이 되기를 바란다.

1992년 3월
전문연구위원회

사이타마 현 지역사료보존활용연락협의회 전문연구위원회 명단

1989년도(지자체명)		1990년도(지자체명)	
회장	波田野富信 (鴻巢市)	회장	波田野富信 (鴻巢市)
부회장	大島 秀敏 (浦和市)	부회장	浜野 一重 (幸手市)
서기	今井 規雄 (草加市)	서기	今井 規雄 (草加市)
동	浜野 一重 (幸手市)	동	浜野 一重 (幸手市)
위원	鈴木 康之 (上尾市)	위원	鈴木 康之 (上尾市)
동	遠藤多津子 (志木市)	동	木村 立彦 (所澤市)
동	木村 立彦 (所澤市)	동	櫻井 信枝 (大井町)
동	櫻井 信枝 (大井町)	동	秋山 伸一 (三芳町)
동	秋山 伸一 (三芳町)	동	岸本 光子 (八潮市)
동	岸本 光子 (八潮市)	동	林 貴史 (白岡町)
동	林 貴史 (白岡町)	동	小沼 幸雄 (杉戸町)
동	小沼 幸雄 (杉戸町)		
1991년도(지자체명)		이사회	
회장	波田野富信 (鴻巢市)	村田 文生(회장, 1989·1990)	
부회장	浜野 一重 (幸手市)	關根敬一郎(회장, 1992)	
서기	清水 充 (浦和市)	中島 森重(부회장)	
위원	宋本 隆志 (上尾市)	遠藤 忠(이사)	
동	木村 立彦 (所澤市)	사무국(사이타마 현립문서관)	
동	櫻井 信枝 (大井町)	岸 淸俊, 太田 富康,	
동	岸本 光子 (八潮市)	須長 宜久(1989년도)	
동	林 貴史 (白岡町)		
동	小沼 幸雄 (杉戸町)		

■ 엮은이
사이타마 현 지역사료보존활용연락협의회

1974년에 사이타마 현 산하 51개 시정촌이 참여하여 사료 관련 실무 담당자의 연수 등을 목적으로 조직되었다. 1985년에 전문연구위원회를 설치하였으며, 이후 10년에 걸친 연구 결과를 집대성하여 『지역문서관의 설립을 향하여』 시리즈를 간행하였다. 1997년에는 지역문헌조사위원회를 설치하여 지역문헌의 조사와 목록집 간행 등 조사·연구사업을 수행하였다. 1999년 현재, 91개 지자체가 참여하는 전문연구단체로 활동하고 있다.

[약사 및 활동]
1974. 사이타마 현 시정촌사편찬연락협의회 발족
1985. 전문연구위원회 설치(~1998)
1991. 사이타마 현 지역사료보존활용연락협의회로 개칭
1994. 창립 20주년 기념 "지역사료 보존 심포지움 — 공문서를 중심으로 —" 개최
1996. '지역사료 보존상자' 배포 및 비축 시작
1997. 지역문헌조사위원회 발족
2004. 창립 30주년 기념 강연회 개최

[간행물]
1984. 十周年記念誌『十年のあゆみ』
1987. 『地域文書館の設立に向けて』
1989. 『行政文書の收集と整理(地域文書館の設立に向けて 2)』
1992. 『諸家文書の收集と整理(地域文書館の設立に向けて 3)』
1994. 『地域史料の保存と管理(地域文書館の設立に向けて 4)』
1996. 『埼玉縣市町村歷史關係文獻目錄』
1998. 『地域史料の檢索と活用(地域文書館の設立に向けて 5)』
2004. 『地域文獻調査報告書』

■ 옮긴이
라창호

경기대학교 인문대학 사학과 졸업
경기대학교 대학원 문학 석사(사학과)
성균관대학교 대학원 박사과정 수료(사학과)
한국기록관리학교육원 졸업
현재 한국국가기록연구원 연구위원
　　　기록관리시스템연구소 선임연구원
　　　경기대, 수원과학대 강사
논문 : 「일제하 수리조합에서 조합비 전가구조에 관한 연구」
　　　「사료수집업무의 표준화를 위한 연구」
연구보고서 : 『21세기 지식정보사회의 도래와 기업기록관리』(공저)
　　　　　　『민주화운동사료 분류 및 분류트리 개발에 관한 연구』
　　　　　　(공저)

한울아카데미 668

제가문서의 수집과 정리
지역문서관의 설립을 향하여 3

ⓒ 라창호, 2004

지은이 | 사이타마 현 지역사료보존활용연락협의회
옮긴이 | 라창호
펴낸이 | 김종수
펴낸곳 | 도서출판 한울

편집책임 | 안광은
편집 | 임효빈·한준

초판 1쇄 인쇄 | 2004년 9월 15일
초판 1쇄 발행 | 2004년 9월 20일

주소 | 413-832 파주시 교하읍 문발리 507-2(본사)
      121-801 서울시 마포구 공덕1동 105-90
      서울빌딩 3층(서울 사무소)

전화 | 영업 02-326-0095, 편집 02-336-6183
팩스 | 02-333-7543
홈페이지 | www.hanulbooks.co.kr
등록 | 1980년 3월 13일, 제406-2003-051호

Printed in Korea.
ISBN 89-460-3278-2 93020
ISBN 89-460-3284-7(세트)

* 가격은 겉표지에 표시되어 있습니다.